620
D0678011

PARADOX, REY

COLECCIÓN AUSTRAL
N.º 620

PÍO BAROJA

PARADOX, REY

SEXTA EDICIÓN

ESPASA-CALPE, S. A.
MADRID

Ediciones especialmente autorizadas por el autor para la

COLECCIÓN AUSTRAL

Primera edición: 19 - VII - 1946
Segunda edición: 30 - XII - 1946
Tercera edición: 19 - XI - 1960
Cuarta edición: 3 - III - 1966
Quinta edición: 18 - II - 1970
Sexta edición: 29 - I - 1976

Espasa-Calpe, S. A., Madrid

Depósito legal: M. 1.631—1976

ISBN 84—239—0620—5

Impreso en España
Printed in Spain

Acabado de imprimir el día 29 de enero de 1976

Talleres tipográficos de la Editorial Espasa-Calpe, S. A.
Carretera de Irún, km. 12,200. Madrid-34

almost an introduction - a prologue

ÍNDICE

PRIMERA PARTE

Páginas

SEGUNDA PARTE

TERCERA PARTE

Páginas

PRIMERA PARTE

I

EL PROYECTO DE PARADOX

Un pueblo próximo a Valencia. Es de noche. En un raso de tierra apisonada hay un grupo de hombres, de mujeres y de chicos. A la puerta de algunas cuevas cuelgan varios candiles de aceite, y sus llamas oscilan violentamente en la oscuridad. Las estrellas resplandecen en el cielo negro azulado, sin nubes. Se respira el aire cargado de olor de azahar.

Un hombre canta una especie de jota valenciana, lánguida y triste. Al final de su canto se oyen los sonidos de una guitarrilla y de un trombón.

UNA VOZ:

A la vora del ríu, mare,
he dexait l'espardeñes.
Mare, no le diga al pare
que ya tornaré per elles.

Suena el trombón. Dos muchachos jóvenes bailan.

PARADOX.—*(Misterioso.)* Amigo Avelino, ha llegado...

DIZ.—¿Eh?

PARADOX.—Ha llegado el momento de echar a andar.

DIZ.—*(Sorprendido.)* ¿Cómo?

PARADOX.—¿Usted está dispuesto, completamente dispuesto?

DIZ.—¿Cómo si estoy dispuesto?

PARADOX.—Sí, si está dispuesto a hacer un viaje largo.

DIZ.—¿Adónde?

PARADOX.—¡Ah mi querido amigo! Antes hay que contar con sus disposiciones. ¿Usted está dispuesto?

DIZ.—¡Dale con lo mismo!

PARADOX.—Es que no me deja usted seguir. Quiero preguntarle si está usted dispuesto a hacer un gran viaje.

DIZ.—¿Ahora? ¿En invierno?

PARADOX.—Sí.

DIZ.—¿Por tierra o por mar?

PARADOX.—Primero, por mar.

DIZ.—¡Pse!... No me seduce la idea.

PARADOX.—¿Se marea usted, quizá?

DIZ.—¿Marearme yo?... ¡Qué locura! ¿Para qué me iba a marear?

PARADOX.—¡Qué sé yo! Quizá por entretenimiento.

DIZ.—No; no me mareo. ¿De dónde ha podido usted sacar idea tan absurda?

PARADOX.—Como veo que no tiene usted entusiasmo por navegar...

DIZ.—¿Entusiasmo? ¡Pse!

PARADOX.—Es que usted se encuentra ya a gusto en el pueblo, ¿verdad?

DIZ.—Hombre, sí.

PARADOX.—Preocupado con la lucha gigantesca que se va a entablar entre la música de los republicanos y la de los carlistas.

DIZ.—¿Y qué?... ¿No es una cosa graciosa?

PARADOX.—Sin duda alguna; no me atreveré yo a sostener lo contrario. En resumen: usted ha tomado el terreno y se siente usted bien aquí. Es natural: es usted del pueblo, le gusta a usted el boniato, conoce usted a todo el mundo...

DIZ.—Usted también conoce a todo el mundo.

PARADOX.—*(Sonriendo.)* Sí; pero yo soy distinto. Yo soy vagabundo de raza.

DIZ.—Y yo también.

PARADOX.—Yo he demostrado mi nomadismo.

DIZ.—Y yo.

PARADOX.—Pero, a pesar de su nomadismo, usted quiere sedentarizarse. Y a mí no me parece mal. ¡Oh, no! Me parece muy bien. ¿Usted tiene ganas de quedarse?... Pues se queda usted. En cambio, yo tengo ganas de marcharme..., pues me voy como el águila, y luego le contaré a usted lo que ocurra, si es que ocurre algo.

DIZ.—*(Con frialdad.)* Bueno; y ¿adónde va usted, si se puede saber?... ¿A Mallorca?

PARADOX.—*(Sonriendo.)* ¿A la tierra de las ensaimadas? No; más lejos.

DIZ.—¿A Italia?

PARADOX.—¿Para qué voy a ir yo a Italia..., me quiere usted decir, don Avelino?... ¿A ver cuadros y estatuas?... ¿A ver cosas de arte?... ¿A comer macarrones?... Ya sabe usted que para nosotros no hay más que la ciencia... y el arroz.

DIZ.—¿Irá usted, quizá, a Filipinas?

PARADOX.—¿A Filipinas, a ver chatos de cabeza cuadrada? No; los archipiélagos no me interesan, ni los chatos tampoco. A mí lo que me encanta son los grandes y misteriosos continentes, las selvas vírgenes, las montañas inaccesibles, los mares desconocidos, los bosques no hollados por la planta del hombre, los ríos, los lagos...

DIZ.—¡Concluyamos!... ¿Adónde piensa usted ir?

PARADOX.—Al Cananí.

DIZ.—Y ¿dónde está eso?

PARADOX.—Y ¡me pregunta dónde está el Cananí! ¿Dónde?... En el mismo golfo de Guinea.

DIZ.—*(Agarrando del brazo a Paradox.)* Se trata de una broma, ¿verdad?

PARADOX.—Nunca he hablado en mi vida más seriamente.

DIZ.—¿Eso quiere decir que usted va?...

PARADOX.—¡Eso quiere decir que voy!...

DIZ.—¿Al Cananí?

PARADOX.—¡Al Cananí!

DIZ.—Más claro: ¿al golfo de Guinea?

PARADOX.—Al golfo de Guinea; usted lo ha dicho con una claridad meridiana.

DIZ.—Pero ¿está usted en su sano juicio?

PARADOX.—¿En mi sano juicio? ¡Yo! Nunca he estado más en mi sano juicio que ahora.

DIZ.—Pero ¿usted afirma?...

PARADOX.—Yo afirmo rotundamente, y, además de afirmar, pruebo..., lo que es más grave. ¡Es mi especialidad!

DIZ.—Entonces, esas palabras necesitan una explicación; pero una explicación clara, una explicación... meridiana. ¡Vamos inmediatamente a casa!

PARADOX.—¡Vamos allá!

II

EXPLICACIONES

Un cuarto pequeño, bajo, pintado de azul. De la ventana, abierta, entra el aire tibio de la noche. La luz de un quinqué, colocado sobre una mesa-consola, que tiene un hule blanco lleno de dibujos hechos con tinta, alumbra la estancia. Hay un armario con cortinillas ya rotas, a través de las cuales aparecen montones de libros desencuadernados, papeles, prensas, tarros de goma, y en medio de este batiburrillo, una calavera con rayas y nombres escritos con tinta azul y roja. Arrimados a la pared hay un sofá y varias sillas, todas de distinta clase y forma.

DIZ.—*(Sentándose en el sofá de golpe y hablando con amargura.)* Otra vez ha preparado usted algo sin contar para nada conmigo.

PARADOX.—¡Bah! Pensaba comunicarle a usted mi proyecto en el momento de ir a realizarlo.

DIZ.—Y ¿por qué no exponerme antes el plan?

PARADOX.—Es que es usted tan impaciente...

DIZ.—¿Eso quiere decir que soy un fatuo, un mentecato, un botarate?

PARADOX.—No inventemos, don Avelino. No dé usted suelta a su imaginación volcánica. Yo no he dicho eso.

DIZ.—No, pero es igual; lo ha dado usted a entender.

PARADOX.—Si viene usted con esas susceptibilidades de siempre, aplazaremos la explicación para otro día; hoy está usted, sin duda, nervioso.

DIZ.—¿Yo?... Estoy tan nervioso como usted; ni más, ni menos.

PARADOX.—*(Sonriendo.)* Mi pulso marcará ahora mismo setenta y dos pulsaciones por minuto.

DIZ.—El mío no marcará ni setenta. ¿Quiere usted explicar su proyecto, sí o no?

PARADOX.—No tengo inconveniente alguno. Usted no se habrá enterado, porque usted tiene el privilegio de no enterarse de nada; usted no se habrá enterado, repito, de que hace unos meses hubo un Congreso de judíos en Basilea.

DIZ.—*(Muy fosco.)* Ciertísimo; no me he enterado.

PARADOX.—Pues bien; en ese Congreso se discutió el porvenir del pueblo judío...

DIZ.—Un pueblo de granujas y de usureros.

PARADOX.—Conforme; pero usted no debía hablar así, porque tiene usted un tipo semita.

DIZ.—Yo me río de mi tipo.

PARADOX.—Eso es otra cosa. Pues bien; como decía, se discutió el porvenir del pueblo hebreo en esa reunión y se señalaron dos tendencias: una, la de los tradicionalistas, que querían comprar la Palestina e instaurar en ella la nación judía, con Jerusalén como capital; otra, la de los modernistas, que encontraban más práctico, más económico y más factible el fundar una nueva nación hebrea en África.

DIZ.—*(Fríamente.)* No sé adónde va usted a parar.

PARADOX.—Lo irá usted sabiendo.

DIZ.—Es que...

PARADOX.—Si me interrumpe usted, no sigo.

DIZ.—Seré mudo como una tumba.

Se extiende en el sofá y apoya los pies en la mesa.

PARADOX.—Entonces, continuaré. Hará ya unos meses, no sé si usted recordará, que traje de Valencia, cubriendo una caja de sobres, un trozo de un periódico inglés. Usted no se fija en estos detalles, y, sin embargo, en esos detalles está muchas veces un descubrimiento tan importante como el de la gravedad. ¿No le parece a usted?

DIZ.—He dicho que seré mudo.

PARADOX.—Muy bien. Está usted en su derecho. Leí el periódico por curiosidad y lo guardé. Aquí lo tengo; dice así *(lee)*: "El acaudalado banquero de Londres Mr. Abraham Wolf, uno de los príncipes de la banca judía, partidario entusiasta de la fundación de la patria israelita en el África, piensa hacer en breve un viaje por la costa de los Esclavos. Con este objeto, el señor Wolf ha invitado a la excursión a algunos hombres de ciencia, naturalistas y exploradores. Parece ser que el proyecto del señor Wolf es formar un gran sindicato, con el objeto de ir transportando al África a los judíos pobres, dándoles luego tierras y útiles de labranza.

El señor Wolf está actualmente en Tánger, desde donde partirá la primera expedición a principios del..."

DIZ.—¿Por qué no sigue usted?

PARADOX.—Porque no sigue el trozo del periódico que traje. Inmediatamente de leer esto se me ocurrió la idea de que debía escribir a ese Wolf. ¡Idea luminosa!

DIZ.—Y ¿lo hizo usted?

PARADOX.—En el acto.

DIZ.—Y ¿le ha contestado?

PARADOX.—Sí.

DIZ.—Y ¿qué dice? ¡Tiene usted una calma verdaderamente inaguantable!

PARADOX.—*(Registrándose los bolsillos.)* ¿Dónde está ese demonio de carta?... ¡Ah!, aquí la tengo. Verá usted; dice así: "No puedo ofrecerles por ahora más que el viaje y la asistencia gratis en mi goleta *Cornucopia*. Si después encuentran ustedes alguna ventaja en quedarse en el Cananí, trataremos del asunto más despacio. Para tomar parte en la expedición, que saldrá el veinte de enero, tienen ustedes que encontrarse aquí antes del día quince.

Si no han hecho sus preparativos para esta fecha, no se molesten en venir.

Si, por el contrario, están dispuestos a llevar a cabo el viaje, pueden tomar el vapor el día ocho. Con la carta que adjunta les envío, para el jefe de las oficinas de la Transatlántica, les facilitarán pasaje gratis hasta Tánger.

De ustedes, etc., etc., Abraham Wolf."

DIZ.—*(Levantándose del sofá y poniéndose de pie.)* Entonces no hay tiempo que perder.

PARADOX.—¿Qué?... ¿Se decide usted?

DIZ.—¿Quién se atreverá a impedirlo? Hay que prepararlo todo inmediatamente. ¿Dónde está el Conill?

PARADOX.—Estará durmiendo.

DIZ.—Voy a despertarlo; tengo que darle órdenes.

PARADOX.—Deje usted a ese apreciable roedor que duerma. Quedan dos días aún para hacer los preparativos.

DIZ.—Vamos a ver el mapa. *(Buscando en el armario febrilmente.)* Pero ¿dónde está el mapa?

PARADOX.—Debajo de esos papeles; ahí, al lado de la calavera lo tiene usted.

DIZ.—¡Ah!, es verdad. *(Hojeando el mapa.)* Aquí está... Europa..., España..., Francia..., Inglaterra..., Asia..., América... ¿Y África?

PARADOX.—Se le ha pasado a usted. ¡Va usted con la velocidad de un exprés americano!

DIZ.—¡Ah!, está aquí, ya la encontré. ¡África! ¡Admirable país! ¡Verdadera cuna de la civilización!... Es el único lugar donde se puede vivir dignamente.

PARADOX.—¿Cree usted?...

DIZ.—No lo ponga usted en duda. ¡África! ¡Tierra sublime no perturbada por la civilización!... Tocaremos en las Canarias, ¿eh?

PARADOX.—Es probable.

DIZ.—¿Luego en Cabo Verde?

PARADOX.—Es casi seguro.

DIZ.—Y después, ya, hacia el golfo de Guinea... Derechos al misterio... A lo desconocido... A la esfinge... Y ¿dónde desembarcaremos?

PARADOX.—No lo sé todavía.

DIZ.—¿En el Senegal? ¿En el Camerón?... ¿Quizá en el Congo?

PARADOX.—*Ignoramus, ignorabimus,* como dijo el ilustre fisiólogo Du Boys-Reimond en su célebre discurso de Berlín.

DIZ.—¡Qué admirable idea! Voy a realizar el sueño de toda mi vida.

PARADOX.—¿De veras tenía usted el pensamiento de ir a África? No le había oído a usted expresar ese deseo nunca.

DIZ.—Es que era un pensamiento oculto; vago, ideal, lejano; tan oculto, que casi yo mismo no me he dado cuenta de él. Amigo Paradox, ¡abracémonos!; un proyecto así es nuestra gloria; es el triunfo decisivo sobre los que nos han calumniado, sobre los que han hecho a nuestro alrededor la conspiración del silencio.

PARADOX.—¿Para qué recordar esas pequeñeces? No vale la pena.

DIZ.—Tiene usted razón: olvidemos lo minúsculo. Pensemos en lo grande. ¡Qué magnífica idea ha tenido usted! ¡Exploraremos, Paradox!

PARADOX.—Seguramente.

DIZ.—Descubriremos.

PARADOX.—Es muy probable.

DIZ.—Remontaremos ríos inexplorados.

PARADOX.—Sin duda alguna.

DIZ.—Escalaremos montañas inaccesibles.

PARADOX.—Inaccesibles hasta el momento en que las subamos nosotros.

DIZ.—Y nuestros nombres, unidos como los de Lavoisier y Laplace...

PARADOX.—Los de Cailletet y Pictet...

DIZ.—Los de Dulong y Petit...

PARADOX.—Los de Pelouze y Fremy...

DIZ.—... Y tantos otros, pasarán al panteón de la Historia.

PARADOX.—¿De la historia de la ciencia, por supuesto?

DIZ.—Naturalmente, de la historia de la ciencia.

PARADOX.—*(Aparte.)* Amigo mío, dijo Dinarzada, ¡qué cuento más maravilloso!

Voces lejanas de chicos que cantan.

Ay, chungala, que es carabasa.
Ay, chungala, que es polisó.
Ay, chungala, les chiques guapes
y el mocaor de crespó.

III

EL GALLO Y EL GENERAL

El *dining-room* del hotel Continental, en Tánger.

Desde la ventana del comedor se ven el mar y el cielo, azul, puro, sin una nube. En la bahía hay cuatro o cinco vapores. La playa está radiante de luz. En el muelle, bajo el sol de invierno que brilla espléndido, hormiguean los cargadores, medio desnudos, con las piernas al aire. Pasan negros bronceados, llevando cajas y barriles en angarillas sostenidas en los hombros; pasan marineros; corretean chicos, con fez rojo, y al lado de los moros graves y solemnes, de jaique blanco, gran turbante y ademanes de zarzuela, discurren los judíos de mirada suspicaz, y por en medio de todos ellos pasean las *mises*, de sombrerito de paja, protegidas por la sombrilla roja y blanca, y acompañadas por los correctos *gentlemen*.

ABRAHAM WOLF.—¿Y qué tal ha dormido usted, señor Paradox?

PARADOX.—No muy bien. La preocupación del viaje me ha desvelado, y cuando ya iba a conciliar el sueño me ha hecho saltar de la cama una algarabía infernal de dulzainas y tambores.

WOLF.—Y ¿qué podría ser eso? Vamos a preguntarle a mi criado; él lo sabrá. ¡Hachi! ¡Hachi Omar!

HACHI.—¿Qué hay, señor?

WOLF.—¿Tú sabes si esta noche pasada dieron alguna serenata por aquí cerca?

HACHI.—*(Con malicia.)* Sí, tú también lo sabes.

WOLF.—Bueno. Supón, como siempre, que lo sé todo, pero haz el favor de decírmelo como si no lo supiera. Este señor acaba de venir a Tánger y no está enterado de las cosas del pueblo.

HACHI.—Tú ya sabes, tan bien como yo, que aquí cerca vive el *scherif* de Wasan, y que a él le dan la música.

WOLF.—¡Ah! Pues eso es lo que le ha despertado a usted, señor Paradox. Está bien, Hachi Omar; puedes marcharte. *(A Paradox y a Diz.)* ¿Qué proyectos tienen ustedes para hoy, señores? ¿Les parece que hagamos una excursión al cabo Espartel?

PARADOX.—A mí, muy bien.

DIZ.—A mí, también.

WOLF.—¡Hachi Omar!

HACHI.—¡Señor!

WOLF.—Encárgate de buscar y traer en seguida cuatro caballos.

HACHI.—Muy bien, señor.

WOLF.—Oye, ¿tú sabrás el camino del cabo Espartel?

HACHI.—Vosotros también lo sabéis.

WOLF.—Bueno; pero ¿tú lo sabes?

HACHI.—Lo mismo que vosotros.

WOLF.—Es terco como una mula este discípulo de Mahoma y suspicaz como nadie. Siempre cree que se están riendo de él. *(A Paradox y a Diz.)* ¿Quieren ustedes que echemos una partida de billar mientras viene Hachi Omar con los caballos?

PARADOX.—Sí; vamos allá.

Entran en la sala de billar, en donde el general venezolano Pérez y su hija Dora juegan con un médico español y con un inglés desconocido que se parece a Chamberlain.

EL GENERAL PÉREZ.—¿Venían ustedes a jugar, señores?

WOLF.—No; nada más que a pasar un rato. Vamos a ir de excursión al cabo Espartel.

DORA.—¿Hoy mismo?

WOLF.—Sí; estamos esperando los caballos.

DORA.—*(Dejando el taco.)* Pues me uno a la expedición.

EL MÉDICO.—*(Haciendo lo mismo.)* Y yo.

EL INGLÉS.—Y yo también.

EL GENERAL PÉREZ.—No estará eso muy lejos, ¿eh?

EL MÉDICO.—No; un par de horas a caballo solamente.

EL GENERAL PÉREZ.—Es mucho; hay para fatigarse... y eso que yo estoy acostumbrado... *(A Paradox.)* Ya ve usted, mi amigo, en más de cien combates que he tomado parte...

EL MÉDICO.—¿A quién le falta caballo?

DORA.—A mi padre y a mí, por de pronto.

EL MÉDICO.—Dentro de diez minutos los tendrán ustedes.

Poco después, a la puerta del hotel, van montando los expedicionarios. De pronto se acerca a Wolf un tipo extraño. Es un hombre enjuto, envuelto en un gabán negro; tiene una pierna y un brazo de palo. Además le falta un ojo, lo que oculta con el sombrero torcido.

HARDIBRÁS.—*(Descubriéndose.)* Señor Wolf, no se olvide usted de mi encargo.

WOLF.—No tenga usted cuidado.

El hombre hace una reverencia, se encasqueta el sombrero, se retira cojeando y se queda apoyado en la pared.

PARADOX.—¿Quién es este hombre tan fatídico?

WOLF.—Es un aventurero que quiere que se le lleve al Cananí. Ha estado en varias guerras y en cada una ha perdido algún miembro.

PARADOX.—Y ¿qué va usted a hacer con él?

WOLF.—No sé. Es tuerto, cojo, manco, tiene dos cicatrices en la cara, una en la frente y dieciséis heridas en el cuerpo, y todavía dice que no hay nada como la guerra.

PARADOX.—Será un humorista.

WOLF.—No. Es un hombre que tiene vocación para el heroísmo.

PARADOX.—Para el heroísmo... y para la ortopedia.

WOLF.—¡Qué quiere usted, señor Paradox! Yo creo que todas las locuras son respetables.

PARADOX.—Y yo también. ¿Y cómo se llama este hombre fragmentario?

WOLF.—Hardibrás.

PARADOX.—Es un buen nombre de perro de aguas.

WOLF.—Pues ya ve usted, es un héroe. Señores, vamos andando.

Comienzan a bajar todos en fila por una estrecha callejuela en cuesta. Abriendo la marcha va Hachi Omar, montado en una burra parda, haciéndose paso entre la gente y gritando: "Balac! ¡Balac!", que en árabe quiere decir: ¡Cuidado! ¡Cuidado!

A la salida del pueblo, Dora, el Inglés y el Médico ponen sus caballos al trote.

DORA.—¡Este caballo no tiene sangre!... Le doy con el látigo y no quiere correr.

EL MÉDICO.—Yo le prestaría a usted mi jaca, pero no lo hago porque es muy traviesa y podría tirarle a usted.

DORA.—Por eso no lo deje; a mí no me tira.

EL MÉDICO.—Me ha tirado a mí, que soy un jinete regular.

DORA.—Eso no importa.

EL MÉDICO.—Creo que se jacta usted demasiado, Dora.

DORA.—No es jactancia, es seguridad. Vamos a cambiar de silla.

Dora salta de su caballo, y en un momento quita la montura. El Médico sustituye su silla por la de Dora.

EL MÉDICO.—*(Ayudando a montar a la mucha-*

cha.) Bueno; pero tenga usted cuidado. No haga usted ninguna imprudencia.

DORA.—¡Qué imprudencia he de hacer! *(Se acomoda en la silla y se arregla la falda.)* ¡Bah!, no es tan fiero este animal como usted dice.

EL MÉDICO.—No se descuide usted, por si acaso. *(En esto, se cruza un borriquillo en el camino. La jaca se encabrita y se pone sobre las patas traseras.)* ¡Tenga usted cuidado!

DORA.—*(Riendo.)* No haga usted caso.

El animal sigue dando brincos. La americana afloja las riendas, y cuando el caballo baja la cabeza le da con toda su alma un fustazo. Bota el caballo y comienza a galopar frenéticamente. El sombrero de la americana cae sobre su espalda, y caballo y jinete desaparecen al trasponer una colina. Poco después se presenta Dora; el caballo viene sudando, ya vencido.

EL MÉDICO.—Sí que es usted una amazona de primera. Yo soy un buen jinete, pero creo que me hubiese caído.

A la hora y media de salir de Tánger, Dora, el Inglés y el Médico llegan a los faros del cabo Espartel. Al poco rato aparece Hachi Omar, en su burro, que viene trotando a pesar de la carga. El moro saca las provisiones de las alforjas y prepara la mesa en un prado.

Llegan después Wolf y Diz de la Iglesia y, por último, Paradox y el General. Un moro, con un jaique haraposo, ata los caballos a unas argollas que hay en un murallón.

HACHI.—*(A Wolf.)* Si esperáis un rato, yo traer cuz-cuz bueno.

WOLF.—Esperaremos.

EL INGLÉS.—Mientras tanto podíamos tomar un poco de *whisky*.

EL GENERAL.—Excelente idea.

El Inglés llena los vasos del Médico, del General y el suyo.

EL INGLÉS.—Y ¿ustedes, señores?

WOLF.—¡Oh!, yo no; no bebo alcohol. Soy de la Sociedad de Templanza.

EL INGLÉS.—Yo también; pero en Inglaterra, no en África. *(A Paradox.)* Y ¿usted, señor?

PARADOX.—Gracias, muchas gracias; me lo prohibe mi religión.

EL INGLÉS.—*(A Diz.)* Y ¿usted?

DIZ.—A mí me lo prohibe el hígado.

EL INGLÉS.—*(Aparte.)* Mejor; así habrá más.

EL MÉDICO.—Oiga usted, general. ¿Quiere usted que le demos un poco de *whisky* a ese gallo? Ya verá usted cómo se emborracha.

EL GENERAL.—Hombre, sí; tiene gracia eso.

El Médico y el General persiguen al gallo, y después de muchas tentativas llegan a acorralarlo y a cogerlo. El Médico lo pone entre sus piernas, le abre el pico y le echa medio vaso de *whisky* dentro, a pesar de sus protestas. El animal, al quedar libre, intenta huir y va dando traspiés y tambaleándose, entre las carcajadas de todos.

EL GALLO.—¿Qué horrible veneno me han dado estos extranjeros?... ¡Qué extrañas ideas cruzan por mi mente!... Siento locos impulsos, deseos estrambóticos... ¡Que Dios castigue a estos desconocidos que así turban el reposo espiritual de un buen padre de familia!

Paradox se aleja seguido de Yock, indignados ambos al ver la tropelía que han cometido con el gallo; Paradox se acerca al pretil del faro a contemplar al mar. Allá enfrente se divisa la costa de España. Vejer, Tarifa. A la derecha, la entrada del estrecho de Gibraltar.

PARADOX.—Sólo la Naturaleza es recta; sólo la Naturaleza es justa y honrada. ¡Oh! ¡Tierras misteriosas! ¡Tierras lejanas y desconocidas! Estoy anhelando pisar vuestro suelo. Allí donde se viva naturalmente; allí donde no haya generales americanos; allí donde no se emborrache a los gallos quiero yo vivir.

VOCES.—¡Paradox, Paradox!, que ya está el cuzcuz.

PARADOX.—¡Voy!

Hachi Omar ha puesto la mesa y en medio ha colocado una enorme cazuela colmada de una especie de arroz blanco amarillento.

EL MÉDICO.—Hagan ustedes el favor de servirse todos, porque yo, y pido permiso para ello, voy a comer el cuz-cuz con la mano, a estilo moro.

DORA.—Delante de mí no lo hará usted.

EL MÉDICO.—*(Desolado.)* Pero ¡si es como sabe mejor el cuz-cuz!

EL GENERAL.—Sí, coma usted así; yo haré lo mismo.

DORA.—Pues yo me vuelvo de espaldas.

Van acabando de comer.

PARADOX.—Debíamos acercarnos a esas peñas que se ven a lo lejos.

HACHI.—Ser tarde, señor. Hacerse en seguida

de noche. No ver bien el camino por no haber luna. Ahora mismo salir.

PARADOX.—¿Tan pronto?

EL GENERAL.—Sí; si no, podríamos perdernos.

Van soltando los caballos y montan todos. Wolf da una propina al moro viejo y haraposo que ha tenido cuidado con las cabalgaduras y se ponen en camino.

EL MÉDICO.—Mi general, guarde usted el equilibrio. Me parece que está usted un poco zanana.

EL GENERAL.—¿Cómo dice? ¿Zanana?... ¡Ay qué macanudo!

EL INGLÉS.—Está intoxicado; bebido completamente.

En el camino se hace de noche. El cielo se va llenando de estrellas. Corre un vientecillo fresco. Todos van cabalgando silenciosos, menos el General, que, rezagado de la comitiva, no para de hablar.

EL GENERAL.—*(Tartamudeando, a Paradox.)* He estado en más de cien batallas, mi amigo, ¿sabe? Y no como las de Europa, sino algo más serias, más científicas. Créame, mi amigo, en todo está América por encima de Europa; hay que americanizar el mundo.

PARADOX.—Yo creo que hay que africanizarlo.

EL MÉDICO.—*(Al inglés, que se ha quedado retrasado unos pasos.)* ¿Quiere usted que le demos un susto al general?

EL INGLÉS.—¡Oh, mucho, mucho! Está muy pesado, muy fastidioso.

EL MÉDICO.—Va usted a ver. Voy a pasar por delante de él con mi caballo al trote.

El Médico se adelanta como si no pudiera refrenar su cabalgadura. Los caballos de Paradox y del General se espantan y se ponen a dar botes, y el General cae al suelo. El Inglés y Paradox se acercan a auxiliarlo.

PARADOX.—*(Gritando.)* ¡General, general!

El General no contesta.

EL INGLÉS.—¡Si le diéramos un poco de *whisky*!

PARADOX.—No, hombre, no. ¡General, general!

EL GENERAL.—¿Dónde estoy?

PARADOX.—Camino de Tánger, de vuelta del cabo Espartel, a los treinta y siete grados de latitud Norte.

EL GENERAL.—¡Si pudiera vomitar!

PARADOX.—¿Tiene usted algo?

EL GENERAL.—No, no... Es el cuz-cuz.

PARADOX.—Pero ¿no hay nada roto?

EL GENERAL.—Nada.

PARADOX.—Bueno; suba usted, y adelante.

Le ayudan a montar; luego van bajando todos al paso una cuesta pedregosa. Syrio parpadea en las alturas. Un pastor se acerca cantando.

EL PASTOR.—Tra, la, la, la...

HACHI.—Alegre marchas.

EL PASTOR.—¿Por qué no? No he hecho daño a nadie.

HACHI.—Así puedas decir eso siempre.

EL PASTOR.—¡Ojalá!

HACHI.—¿Eres de Tánger?

EL PASTOR.—Soy de Tánger-Valia.

HACHI.—Todavía tienes camino largo para llegar a tu casa.

EL PASTOR.—El camino nunca es largo para el que tiene el corazón tranquilo.

HACHI.—Es verdad. Adiós, pastor.

EL PASTOR.—Adiós. (*Se aleja cantando.*)

IV

A BORDO DE LA "CORNUCOPIA"

Está amaneciendo; llovizna y sopla un viento frío. Paradox, Diz de la Iglesia, Hardibrás, Hachi Omar y otros esperan en el muelle a que venga el bote que ha de conducirles a la *Cornucopia*. Paradox, con gabán amarillo de verano y su sombrerito jovial, está acompañado de su fiel Yock; Diz de la Iglesia viste una gorra inglesa y un impermeable; Hardibrás, derecho sobre su pierna de palo, apoyado en un bastón, espera tranquilo; su brazo izquierdo, que es de madera, termina en un gancho de hierro, y colgando de él lleva todo su equipaje, que consiste en una caja de sobres con unos cuellos postizos y un paquete de tabaco. Hachi Omar anda de un lado a otro con un farol.

PARADOX.—Pero ¡cómo tarda esa gente! A ver si se olvidan de nosotros.

DIZ.—*(Asustado por el mal tiempo, con cierta íntima esperanza de que se olviden de ellos.)* No, no se olvidarán.

HARDIBRÁS.—Nos fastidian.

PARADOX.—No se les ve.

EL MAR.—Desecha tu impaciencia, Paradox. Olvida tus proyectos. ¡Retírate! ¡Huye! Pronto, si no, sobre débil bajel, en la ancha mar de los ruidos tempestuosos, te verás estremecido de espanto y tu existencia será juguete de las grandes y oscuras olas azotadas por el soplo del Aquilón.

PARADOX.—No, nunca volver atrás.

HACHI.—Allá está; ahí viene el bote.

Se ve acercarse una lancha entre la neblina. Salta uno de los marineros a la escalera del muelle y sujeta el bote. Van bajando todos, y a la luz del farol de Hachi Omar se van colocando en los bancos. Hardibrás, trabajosamente, comienza también a bajar.

PARADOX.—Venga usted, deme usted la mano.

Hardibrás pone su gancho de hierro en la mano de Paradox, entra en la lancha y se sienta. Los marineros comienzan a remar y se aleja el bote en medio de la bruma y de la llovizna.

PARADOX.—*(Señalando a Hardibrás.)* ¡Pobre hombre! La verdad, cuando me ha dado el brazo de madera con su gancho de hierro, creo que le temblaba de emoción.

DIZ.—Qué, ¿el gancho?

PARADOX.—Sí.

DIZ.—¡Qué farsante es usted!... Decían en el hotel que Wolf no iba a venir; ¿será verdad?

PARADOX.—Oye, Hachi Omar, ¿no venir el amo con nosotros?

HACHI.—No, él tener negocios. Nosotros esperarle a él en las Canarias.

PARADOX.—¿En las antiguas Hespérides o Afortunadas? Muy bien.

DIZ.—Y esos otros señores que en la mesa dijeron ayer que vendrían, ¿si se atreverán?...

PARADOX.—Sí; creo que sí. Aquí tengo la lista de los que vamos. Me la dió Wolf y la apunté anoche en mi diario.

DIZ.—Vamos a ver.

PARADOX.—*(Tomando el farol de Hachi Omar, y leyendo.)* Lista de la tripulación y pasajeros del *yacht* inglés *Cornucopia,* de 350 toneladas, de la matrícula de Liverpool:

Enrique Jenkins, capitán.

William Duncan, piloto.

Santiago Stewart, maquinista.

Jaime Rose, primer fogonero.

Juan Drake, segundo fogonero.

Arturo Cooper, contramaestre.

Dick Blanch, carpintero.

Tomás Allen, marinero.

Matías Goodwin, marinero.

Santiago Witfield, marinero.

Thady Bray, grumete.

DIZ.—Total: once hombres. Vamos a ver los pasajeros.

PARADOX.—Entre los pasajeros hay algunos que forman parte de la expedición y otros que van en calidad de turistas; yo todavía no sé cuáles son los de una clase y los de otra. En la lista los he puesto juntos.

Leyendo.

Dora Pérez.

DIZ.—¿Vendrá su padre con ella?

PARADOX.—¡Ca! Ha dicho que no.

Sigue leyendo.

Monsieur Ganerau, y su hija Beatriz.
Arthur Sipsom, fabricante de agujas de Mánchester.
Eichthal Thonelgeben, geólogo y naturalista.
Avelino Diz de la Iglesia, inventor.
Hachi Omar, intérprete.
Ignacio Goizueta, técnico.
Silvestre Paradox, agrimensor.
John Hardibrás.

A este último no le he puesto profesión. Señor Hardibrás, ¿qué profesión le pongo a usted?

HARDIBRÁS.—Ponga usted soldado.

PARADOX.—Muy bien.

DIZ.—¿No hay más?

PARADOX.—No; por ahora, no.

Se acerca el bote a la *Cornucopia* y van subiendo a bordo los pasajeros.

HACHI.—Todavía no estar aquí la distribución de cuartos. Venir aquí.

Entran por la escotilla y bajan por una escalera a una cámara muy estrecha. Se ven a la luz de un farol tres hombres sentados, que están comiendo higos secos que cogen de un papel. Uno de los hombres es gordo, con el bigote corto; el otro es un tipo de perdonavidas, con un mostacho grande, pintado de negro, y una perilla del mismo color; el tercero es un hombrecito chiquirritín, con la cabeza gorda y la facha de chino.

PARADOX.—Buenos días, señores.

DON PELAYO.—Buenos días.

MINGOTE.—Buenos...

EL CORONEL FERRAGUT.—¡Hum!

PARADOX.—Siéntese usted, Diz; siéntese usted, Hardibrás; al menos aquí no llueve.

EL CORONEL FERRAGUT.—*(Siguiendo una conversación, sin duda comenzada anteriormente, y sin mirar a los recién llegados.)* Le digo a usted que soy anarquista.

MINGOTE.—Y yo también.

EL CORONEL FERRAGUT.—Porque antes los caballeros, señor Mingote *(Coge un higo del papel)*, apaleaban a los sastres, a los zapateros y a la demás gentecilla menuda; pero ahora esa gentecilla se nos ha subido a las barbas, señor Mingote, y es la que manda, y la que gobierna, y por eso declaro que soy anarquista. *(Coge otro higo del papel.)*

MINGOTE.—Y yo también, señor Ferragut.

DON PELAYO.—*(El hombre bajito, levantándose y acercándose a Paradox.)* ¿Es usted, por casualidad, don Silvestre Paradox?

PARADOX.—No; por casualidad, precisamente, no; pero soy Paradox.

DON PELAYO.—¿Viene usted al Cananí con nosotros?

PARADOX.—Eso parece. Y ¿usted quién es, si se puede saber, por casualidad, señor mío?

DON PELAYO.—¿No se acuerda usted de un secretario que usted tuvo cuando vivía en la calle de Tudescos?

PARADOX.—¡Aquel granuja que me robó los cuartos!

DON PELAYO.—El mismo.

PARADOX.—¡Aquel bandolero que me engañó como a un chino!

DON PELAYO.—No siga usted adelante, don Silvestre. Aquel granuja, aquel bandolero se ha hecho ya una persona digna y honrada; tanto, que va a la República del Cananí de administrador de Aduanas.

PARADOX.—Todo lo comprendo. Ha prosperado usted.

DON PELAYO.—La suerte.

PARADOX.—Ya ve usted, yo, en cambio, voy de simple colono.

DON PELAYO.—No; eso yo no lo permitiré. ¿Para qué están mis influencias? Le voy a presentar a mis amigos. *(Haciendo las presentaciones.)* Don Silvestre Paradox, uno de los pocos sabios que honran a España. *(Señalando al hombre gordo.)* Don Bonifacio Mingote, recaudador general de las contribuciones directas e indirectas de la República del Cananí.

PARADOX.—¿Hay ya contribuciones en el Cananí?

DON PELAYO.—Claro que las hay, de las dos clases: directas e indirectas.

PARADOX.—Pero ¿hay gente?

DON PELAYO.—No; pero eso no le hace. *(Mostrando al perdonavidas.)* El señor es el ex coronel carlista Ferragut, jefe del Estado Mayor y ministro de la Guerra interino de la misma República.

Se saludan todos y se dan la mano.

PARADOX.—*(Fijándose en Mingote.)* Extraña condecoración tiene usted. Así, de lejos, parece un huevo frito.

MINGOTE.—Sí, es una placa que me dieron por haber salvado la vida a un carabinero en Portugal.

PARADOX.—¡Ah!

MINGOTE.—Sí; un día patinábamos en la finca de un amigo, del marqués de Souza, sobre el Tajo, que estaba helado, cuando un carabinero, que nos estaba observando, pasó por un punto en donde el hielo no estaba muy fuerte y... pataplún, se hundió y desapareció. Había corriente por debajo del hielo, y la corriente fué llevando al hombre por el río. Yo intenté romper el hielo en varias partes, y no me fué posible.

PARADOX.—Terrible situación. Es conmovedor.

DON PELAYO.—¿No pudo usted romper el hielo? Y ¿qué hizo usted entonces?

MINGOTE.—Me metí por el mismo agujero por donde el hombre había desaparecido y, nadando, nadando...

PARADOX.—¿Como una foca?

MINGOTE.—Igual; lo encontré al carabinero, lo agarré y fuí llevándolo hasta un boquete de hielo que había unos cuantos metros más allá, y por el boquete salimos él y yo. El rey don Carlos, cuando lo supo, me dió esta condecoración y una acuarela. Don Pelayo ha visto la acuarela.

DON PELAYO.—Es verdad; pero no me ha parecido muy bien pintada.

MINGOTE.—En eso se conoce precisamente que es real. Todas las acuarelas de los reyes están mal pintadas; pero eso no importa. Así tienen más mérito.

EL CORONEL FERRAGUT.—*(Fosco.)* Tienen el mérito de la firma.

PARADOX.—Y ¿de qué metal es esa placa?

MINGOTE.—No sé.

PARADOX.—Parece de aluminio o de latón. Es una hermosa pieza. Se le felicita a usted por su heroísmo.

MINGOTE.—Muchas gracias. Usted hubiera hecho lo mismo que yo.

PARADOX.—¿Con un carabinero? ¡Hum! ¡Qué sé yo!

DON PELAYO.—Parece que se acerca el otro bote. Vamos a ver quiénes vienen.

MINGOTE.—¿Para qué? Creo que son unos señoritos de Tánger.

Salen a cubierta. Ha amanecido. Una lancha atraca a la *Cornucopia*. Suben Ganereau y su hija Beatriz, luego Sipsom, y después el ingeniero alemán Thonelgeben, que da la mano a Dora.

GOIZUETA.—Viento fuerte y mucha mar.

EL CAPITÁN JENKINS.—¿Están todos?

UN MARINERO.—Sí.

La lancha en que han venido los viajeros se dirige hacia el puerto. Larga la *Cornucopia* el práctico y se pone en derrota para las Canarias.

V

CONFIDENCIAS

De noche, en el comedor de la *Cornucopia.*

GANEREAU.—¿Saben ustedes que tenemos concierto a voces solas?

DON PELAYO.—¿Quién va a cantar?

GANEREAU.—Primero, el señor Mingote.

PARADOX.—¿El recaudador general de las contribuciones directas e indirectas?

DON PELAYO.—El mismo debe ser. Entonces yo brillaré por mi ausencia en ese concierto.

GANEREAU.—¿Y por qué?

DON PELAYO.—Porque ese señor Mingote canta como una vaca.

Sale Ganereau y quedan de sobremesa don Pelayo y Paradox.

PARADOX.—Y oiga usted, ¿por qué no ha venido Wolf con nosotros?

DON PELAYO.—Hay un pique entre él y Chabouly, y tendrán que conferenciar los dos en Tánger.

PARADOX.—¿Y quién es ese Chabouly?

DON PELAYO.—¿No sabe usted quién es Chabouly?

PARADOX.—No.

DON PELAYO.—Sí, hombre; ese francés, fabricante de chocolate, el inventor de la crema napolitana.

PARADOX.—Y ¿qué tiene que ver la crema napolitana con el Canani?

DON PELAYO.—Tiene que ver, porque ese chocolatero ha comprado unos terrenos en el África y se ha nombrado emperador de la Nigricia Oriental.

PARADOX.—¡Demonio! Entonces es un personaje.

DON PELAYO.—¡Ya lo creo! Y ahora están pendientes las negociaciones diplomáticas entre el Cananí y la Nigricia Oriental.

PARADOX.—Y si no hay arreglo, ¿qué pasará? ¿Se declarará la guerra?

DON PELAYO.—¡Sería de lamentar!

PARADOX.—¿Tienen ustedes confianza en el ministro de la Guerra? ¿Tiene dotes de organizador o es un bolo, como los ministros españoles?

DON PELAYO.—¿Quién, Ferragut?

PARADOX.—Pero Ferragut ¿no es el jefe del Estado Mayor?

DON PELAYO.—Sí; es el jefe del Estado Mayor

y ministro interino de la Guerra; pero organizador creo que no es. Hombre de recursos, sí; eso, sí. Estando en Londres, se le ocurrió vender el Retiro de Madrid para cuando viniese don Carlos a ocupar el trono de España.

PARADOX.—Y ¿lo vendió?

DON PELAYO.—En tres o cuatro mil reales.

PARADOX.—Y ¿cómo encontró comprador?

DON PELAYO.—Hay compradores para todo. Recuerde usted cómo yo vendí aquellas ratoneras.

PARADOX.—Es verdad.

DON PELAYO.—Otra vez Ferragut tomó parte en una falsificación de billetes que se hizo en Londres.

PARADOX.—¿De manera que es un ave de rapiña? ¿Un individuo del género Vultur, quizá un Sarcoramphus?

DON PELAYO.—¡Vaya usted a saber!

PARADOX.—Siga usted, don Pelayo, siga usted indicando los caracteres de esa ave rapaz.

DON PELAYO.—Pues cuando se hizo la falsificación se pensó cambiar al mismo tiempo los billetes falsos en París, Amsterdam, Bruselas y otras ciudades, y en París el corresponsal era el coronel Ferragut. El hombre, como es un impaciente, cuando recibió su medio millón de francos, en billetes, lo primero que hizo fué meterlos en una maleta e irse a una casa de banca a cambiarlos.

PARADOX.—¿Todos de una vez?

DON PELAYO.—Sí. Entró en la casa de banca y dijo: "Tengo una gran cantidad de billetes y quisiera cambiarlos en oro." "¿A cuánto asciende esa cantidad?", le preguntó el dependiente. "A medio millón de francos", contestó él. El dependiente quedó alelado. "Haga usted el favor de volver dentro de una hora." Ferragut volvió. Enseñó sus billetes, y dos caballeros que había en la casa de banca le invitaron amablemente a que les acompañase a la cárcel.

PARADOX.—¡Oh, entonces no pertenece al género Vultur, no! Es un Strix vulgar. Si llegamos a tener guerra con la Nigricia Oriental, me temo que este hombre no nos va a llevar a la victoria.

DON PELAYO.—Yo también me lo temo, don Silvestre.

PARADOX.—Oiga usted: y el gordo, amigo de usted, el recaudador general de contribuciones directas e indirectas, ¿qué clase de hombre es?

DON PELAYO.—¿El divino Mingote?

PARADOX.—Sí.

DON PELAYO.—Es uno de los pocos hombres sublimes que nos quedan en España.

PARADOX.—Me hace el efecto de uno de esos cetáceos carnívoros o sopladores que reciben este último nombre por la existencia de un aparato hidráulico en la parte superior de la cabeza.

DON PELAYO.—No, no lo crea usted. Es un hombre de agallas. ¡Un hombre que, con su físico y con su edad, ha vivido durante años y años del amor!

PARADOX.—Vamos, una especie de molusco de esos que con un par de branquias y un sistema de brazos o tentáculos largos y flexibles y provisto en su superficie de ventosas ya están despachados. Y ¿cómo ha entrado ese señor de Mingote en la burocracia de la República del Cananí?

DON PELAYO.—Este Mingote, últimamente, tenía en Cáceres un periódico de cuestiones de ganado.

PARADOX.—¡Ah! ¡Muy importante! ¡Las cuestiones de ganado!... Ya lo creo. Hace poco me decía un senador que en esas cuestiones está la regeneración de España.

DON PELAYO.—Pues ya ve usted; a pesar de esto, el periódico no se vendía, y Mingote se marchó a Lisboa. Estaba allí muriéndose de hambre, perseguido por los acreedores, deseando escapar, y para marcharse se le ocurrió escribir un anónimo a la policía portuguesa denunciándose a sí mismo.

PARADOX.—¿Y qué adelantaba con eso?

DON PELAYO.—Que lo expulsaran del país. Decía así en su carta confidencial: "El peligroso revolucionario español don Bonifacio Mingote ha venido a Lisboa con el propósito de matar al rey con una flecha envenenada." Ya sabe usted lo que es la gente de Portugal.

PARADOX.—¡Ya lo creo! Tribus ibéricas con alguna mezcla aria.

DON PELAYO.—Pues la policía de Portugal expulsó a Mingote y lo llevaron a Londres y allí conoció a Wolf.

PARADOX.—Y diga usted: ese italiano alto, flaco, con los bigotes llenos de cosmético, que parecen agujas, ¿quién es?

DON PELAYO.—Ése es el caballero Piperazzini. Un caballero de industria; dice que va de turista, pero la verdad es que va al Cananí a poner una casa de juego.

PARADOX.—¡Ah! Conocemos el género: *Lacerta africana,* camaleón vulgar, familia de los saurios. Se distinguen por tener la lengua larga y extensible, la cola prensil y los dedos divididos en dos paquetes mutuamente oponibles. ¡Ya, ya! Los conocemos. ¿Y esa señora flaca que habla con él?

DON PELAYO.—Ésa es miss Pich, una gran escritora.

PARADOX.—Y ¿en dónde escribe?

DON PELAYO.—Creo que tiene un periódico de mujeres solas, porque es una feminista rabiosa. Dice a todo el que quiere escucharla que los hombres son seres inferiores.

PARADOX.—Antropofobia natural, muy humana. Muy bien. ¿Y la otra gorda, pintada?

DON PELAYO.—Es una ex bailarina del Moulin Rouge, que está recomendada al capitán.

PARADOX.—¿Va también al Cananí esa palomita?

DON PELAYO.—No; creo que va a Las Palmas. Quizá ahora esté cantando sobre cubierta. Salgamos a dar un paseo.

PARADOX.—Bueno, vamos.

Suben a cubierta y se encaminan hacia la toldilla de popa. Hay luna llena y el mar está tranquilo.

DON PELAYO. — ¡Qué admirable temperatura! ¿Eh?

PARADOX.—Deliciosa.

DIZ.—Vaya una noche de invierno, señores. Estamos a veintidós grados centígrados. En París, según noticias de Ganereau, se ha helado el Sena.

PARADOX.—Y ¿qué tal el concierto?

DIZ.—Ahora mismo va a empezar.

PARADOX.—Entonces no deben ustedes perder una nota; yo me voy a dormir.

En medio del grupo de pasajeros, Mingote se levanta de su silla, extiende la mano hacia el mar, como si quisiera dominarlo, y canta, desafinando horriblemente.

MINGOTE *(cantando):*

Dichoso aquel que tiene
la casa a flote,
la casa a flote....

TODOS.—Pero ¡qué mal!... ¡Qué barbaridad!

MINGOTE *(siguiendo):*

y oliendo a brea...
y oliendo a brea...

TODOS.—¡Qué horror! ¡Qué música más desagradable!

Mingote, que acaba de hacer una porción de calderones, tan pronto con voz de bajo profundo como en falsete, elogiando el olor de la brea, termina su canción y se acerca al grupo de los espectadores.

MINGOTE.—*(Modestamente.)* Sí, yo siempre he tenido mucha afición a la música.

SIPSOM.—Pues no se conoce.

MINGOTE.—¿Lo dice usted por la voz?

SIPSOM.—No, lo digo por todo.

MINGOTE.—Es que lo mejor que tengo es la voz, y se me ha tomado con el aire del mar. Ya usted ve: Gayarre, el mismo Gayarre, me solía decir: "Si tú algún día sales a las tablas, yo me retiro."

SIPSOM.—Pues sí que se ha debido operar en usted una transformación...

MINGOTE.—Completa. Ya ve usted: ahora canto casi mal.

SIPSOM.—No; mal del todo.

HARDIBRÁS.—*(Que de pie, apoyado el cuerpo en la borda y la mano en el bastón, parece un mochuelo.)* Mal del todo, digno de que le fusilen sobre la marcha.

MINGOTE.—¡Qué señor más gracioso! Me recuerda un inglés que conocí en Lisboa...

TODOS.—Ahora, un momento de silencio, que va a cantar esta señora.

LA MÔME FROMAGE *(con voz de rata):*

Un jour un brave capitaine
se trouvant pris par des brigands...

GANEREAU.—Pero ¡esta mujer no tiene voz!

SIPSOM.—La ancianidad. ¿Cuántos años cree usted que tiene?

GANEREAU.—¿Cincuenta?

SIPSOM.—Más; es del tiempo de las sillas de posta.

LA MÔME FROMAGE *(concluyendo su canción)*:

J'connais pas mal des femm's oui-dá
qu'auraient agi comm'ça.

TODOS.—¡Bravo! ¡Muy bien!

GANEREAU.—Ahora vamos a tener un rato de acordeón. El joven Thady Bray, grumete de la *Cornucopia,* tocará algunas canciones escocesas.

Thady Bray comienza a tocar el acordeón.

VI

ELOGIO SENTIMENTAL DEL ACORDEÓN

EL AUTOR:

¿No habéis visto, algún domingo al caer de la tarde, en cualquier puertecillo abandonado del Cantábrico, sobre la cubierta de un negro quechemarín o en la borda de un patache, tres o cuatro hombres de boina que escuchan inmóviles las notas que un grumete arranca de un viejo acordeón?

Yo no sé por qué, pero esas melodías sentimentales, repetidas hasta el infinito, al anochecer, en el mar, ante el horizonte sin límites, producen una tristeza solemne.

A veces, el viejo instrumento tiene paradas, sobrealientos de asmático; a veces, la media voz de un marinero le acompaña; a veces, también, la ola que sube por las gradas de la escalera del muelle, y que se retira después murmurando con estruendo, oculta las notas del acordeón y de la voz humana, pero luego aparecen nuevamente y siguen llenando con sus giros vulgares y sus vueltas conocidas el silencio de la tarde del día de fiesta, apacible y triste.

Y mientras el señorío del pueblo torna del paseo; mientras los mozos campesinos terminan el partido de pelota, y más animado está el baile en la plaza, y más llenas de gente las tabernas y las sidrerías; mientras en las callejuelas, negruzcas por la humedad, comienzan a brillar debajo de los aleros salientes las cansadas lámparas eléctricas, y pasan las viejas, envueltas en sus mantones, al rosario o a la novena, en el negro quechemarín, en el patache cargado de cemento, sigue el acordeón lanzando sus notas tristes, sus melodías lentas, conocidas y vulgares, en el aire silencioso del anochecer.

¡Oh la enorme tristeza de la voz cascada, de la voz mortecina que sale del pulmón de ese plebeyo, de ese poco romántico instrumento!

Es una voz que dice algo monótono, como la misma vida; algo que no es gallardo, ni aristocrático, ni antiguo; algo que no es extraordinario ni grande, sino pequeño y vulgar, como los trabajos y los dolores cotidianos de la existencia.

¡Oh la extraña poesía de las cosas vulgares!

Esa voz humilde que aburre, que cansa, que fastidia al principio, revela poco a poco los secretos que oculta entre sus notas, se clarea, se transparenta, y en ella se traslucen las miserias del vivir de los rudos marineros, de los infelices pescadores; las penalidades de los que luchan en el mar y en la tierra con la vela y con la máquina; las amarguras de todos los hombres uniformados con el traje azul sufrido y pobre del trabajo.

¡Oh modestos acordeones! ¡Simpáticos acordeones! Vosotros no contáis grandes mentiras poéticas como la fastuosa guitarra; vosotros no inventáis leyendas pastoriles como la zampoña o la gaita; vosotros no llenáis de humo la cabeza de los hombres como las estridentes cornetas o los bélicos tambores. Vosotros sois de nuestra época: humildes, sinceros, dulcemente plebeyos, quizá ridículamente plebeyos; pero vosotros decís de la vida lo que quizá la vida es en realidad: una melodía vulgar, monótona, ramplona ante el horizonte ilimitado...

Gen. of '98 – man had to confront probs. of life: what is? how go through?

Baroja held should go thru w/ action – travajar, amar, viajar, odiar.

VII

LA TEMPESTAD

Es el tercer día de navegación, de noche; corre un viento fresco. Paradox y miss Pich pasean sobre cubierta. Miss Pich es flaca, de color de orejón y pelo azafranado. Tiene un cuello de nuez puntiaguda, con un sistema muscular que parece hecho de cuerdas.

MISS PICH.—¿Ha leído usted ya el número de mi *Revista Neosófica,* señor Paradox?

PARADOX.—Sí, sí; muy interesante. Hay artículos verdaderamente atrevidos.

MISS PICH.—¿Se ha fijado usted en el estudio de la señorita Dubois sobre "Las anomalías nasales de los soldados en Inglaterra"?

PARADOX.—Sí, tiene un gran interés. ¡Oh! Un interés extraordinario. Y diga usted, miss Pich, se me ocurre una duda: esas observaciones nasales ¿son todas oculares?

MISS PICH.—¡Oh! Completamente oculares.

PARADOX.—También he creído observar que la revista entera está escrita por mujeres.

MISS PICH.—*(Sonriendo.)* En mi Redacción no pone la pluma ningún hombre.

PARADOX.—¿Los desprecian ustedes?

MISS PICH.—Sí; los desdeñamos.

PARADOX.—Vamos, los consideran ustedes como unos pobres pingüinillos.

MISS PICH.—Eso es. Los hombres son seres inferiores. Para la fecundación y la procreación de la especie son indispensables, por ahora al menos; pero para los trabajos especulativos, filosóficos, artísticos..., las mujeres. Ellos, los pobres, son negados para eso.

PARADOX.—Sin embargo, miss Pich, Sócrates, Shakespeare...

MISS PICH.—*(Vivamente.)* Es que esos eran mujeres.

PARADOX.—¿De veras?

MISS PICH.—Está demostrado. El rey David también era mujer, y en el texto hebreo de la Biblia pone la reina David.

PARADOX.—¿Qué me dice usted?

MISS PICH.—Lo que usted oye.

PARADOX.—¿Y cómo se explica usted ese cambio de sexo tan escandaloso?

MISS PICH.—Muy sencillamente. Es que los hombres, con la necia vanidad que les caracteriza, han querido que la reina David fuera de su sexo y han falseado la Historia.

PARADOX.—¡Ah! Ahí está el secreto. Creo que ha puesto usted el dedo en la llaga.

GANEREAU.—¡Hola, Paradox!

MISS PICH.—*(Aparte.)* Este francés insustancial viene a interrumpirnos. Ya hablaremos, señor Paradox. ¡Buenas noches!

GANEREAU.—¿Estaba usted oyendo las explicaciones de esa vieja loca?

PARADOX.—Sí.

GANEREAU.—¿Qué le parece a usted?

PARADOX.—Creo que estamos en presencia de una gallinácea vulgar. Ya sabe usted que estas aves tienen la mandíbula superior abovedada, las ventanas de la nariz cubiertas por una escama cartilaginosa, el esternón óseo y en él dos escotaduras anchas y profundas, las alas pequeñas y el vuelo corto. Son los caracteres de miss Pich.

GANEREAU.—¿Cree usted que miss Pich tiene el vuelo corto?

PARADOX.—Estoy convencido de ello.

GANEREAU.—Pues yo la consideraba como una arpía.

PARADOX.—Error. Error profundo. Es una gallinácea vulgar.

GANEREAU.—Y hablando de otra cosa: ¿usted sabe hacia dónde estamos ya? No debe de faltarnos mucho para llegar a las Canarias. Hemos perdido de vista hace tiempo la costa de África. ¿En qué dirección se encuentran ahora Las Palmas?

PARADOX.—Yo creo que por ahí.

GANEREAU.—A mí me parece todo lo contrario. *(A Sipsom, que pasea sobre cubierta.)* ¿En qué dirección estarán las Canarias, señor Sipsom?

SIPSOM.—No sé, no me lo figuro. El capitán lo sabrá a punto fijo.

GANEREAU.—No; yo no le quiero decir nada. Ayer, a una pregunta que le hice, me contestó diciéndome que él no tenía necesidad de darme explicaciones.

SIPSOM.—Es un imbécil. Consulten ustedes con el ingeniero alemán.

PARADOX.—No, hombre, dejadlo. Está muy distraído charlando con la americana. Le explicará geología. Es una ciencia muy interesante. *(A Goizueta, que está cerca de la borda mirando al mar.)* ¿Qué hay, Goizueta? Usted siempre tan pensativo.

GOIZUETA.—Dígales usted a esos señores que se retiren. Vamos a tener mal tiempo.

PARADOX.—¿Cree usted?...

GOIZUETA.—Antes de media hora ha caído el primer chubasco.

PARADOX.—Y ¿usted no piensa retirarse?

GOIZUETA.—Yo, no; a mí me gusta ver de cerca la tempestad.

PARADOX.—A mí, también. Le acompañaré a usted.

GOIZUETA.—¡Vaya un capricho de mojarse!

PARADOX.—Si ha de haber tempestad, prefiero

presenciarla sobre cubierta que no padecerla en el camarote. Vuelvo en seguida.

Paradox avisa a Thonelgeben y a Ganereau para que indiquen a Dora y a Beatriz la conveniencia de retirarse.
Van entrando todos en las cámaras de popa. Goizueta y Paradox, con su perro, quedan sobre cubierta.
Las nubes comienzan a avanzar y ocultan la luna. Sopla un viento frío, mezclado con llovizna. El tiempo se va cerrando en agua, con truenos y relámpagos; el viento ligero se hace más rudo y se convierte luego en un vendaval furioso, acompañado de una lluvia continua.
El mar toma un aspecto imponente. A veces, sale la luna entre las nubes y se ve el agua blanca y espumosa. Olas como montañas entran por las bordas, barren la cubierta y vuelven al mar con un estruendo de catarata. Goizueta y Paradox se agarran a dos anillos del puente y callados contemplan la tempestad.

GOIZUETA.—Este capitán no sabe lo que se hace. Ha perdido la cabeza. *(A un marinero que corre a clavar la escotilla.)* ¿Por qué no tomamos hacia alta mar?

EL MARINERO.—No hay modo de enderezar el rumbo.

Un monte de agua, reventando sobre popa, sube por el puente y sale por la proa, arrastrando una porción de objetos, que no se distinguen en la oscuridad de la noche. La obra muerta chasquea y cruje; las olas caen de través, una tras otra, como golpes de ariete, sobre la cubierta. El barco se balancea de un modo violento y terrible.

GOIZUETA.—Pero ese timonel ¿qué hace? ¿En qué está pensando?

Paradox se separa un momento y mira hacia el puente.

PARADOX.—No hay nadie ahí arriba.

GOIZUETA.—¿No?

PARADOX.—No.

THADY BRAY.—*(Que viene corriendo.)* Una ola se ha llevado al capitán.

GOIZUETA.—Avisadle al teniente.

THADY BRAY.—El teniete está borracho.

GOIZUETA.—Entonces vamos nosotros al timón.

Goizueta, Paradox y Thady Bray, con el agua hasta las rodillas, llegan hasta la escalera del puente y van subiendo con gran trabajo.

Durante horas y horas siguen los tres en el puente.

Comienza a amanecer; nubarrones rojizos aparecen en el cielo; el viento se calma un tanto; la niebla va tomando un color blanquecino; luego comienza a hacerse transparente, y se ve el mar, que sigue encrespado, con grandes olas espumosas.

GOIZUETA.—Aprenda usted para que pueda sustituirme.

PARADOX.—Ya veo lo que usted hace.

GOIZUETA.—Las olas que vienen de través son las peores; la ola hay que tenerla delante o atrás, nunca a los lados. La mejor manera de pasarlas es cortarlas por derecho. Vea usted cómo vienen.

PARADOX.—Ésta es tremenda.

GOIZUETA.—Hay que orzar más, ¡más aún!, que no nos coja de lado..., así.

El barco se levanta de proa hasta mirar con el bauprés al cielo, y luego se hunde en el abismo. El agua rebasa por las bordas con un estrépito de torrente.

PARADOX.—Y ¿hay que conservar la brújula en esta dirección?

GOIZUETA.—A poder ser, sí. Casi siempre pasan tres olas fuertes; luego viene un momento de calma y entonces se debe virar. ¿Se atreve usted a quedarse solo?

PARADOX.—Sí; venga el timón.

GOIZUETA.—Ojo a la brújula, y cortarlas siempre en derecho. Vamos a ver qué le pasa al teniente y si hay algo que comer por abajo.

PARADOX.—De paso tranquilicen ustedes a las mujeres.

GOIZUETA.—Ya lo haremos.

Bajan Goizueta y Thady Bray del puente. Paradox queda solo con Yock, que sacude a cada paso sus lanas mojadas.

El viento le ha llevado el sombrero a Paradox, y se ata el pañuelo a la cabeza. La lluvia, pulverizada por las ráfagas de aire, le cala la ropa.

PARADOX.—*(Agarrado a la rueda del timón.)* ¡Quién te había de decir a ti, pobre hombre dedicado a las ciencias naturales y a la especulación filosófica, que habías de luchar tú solo con el mar inmenso hasta dominarlo y vencerlo por lo menos durante un instante!

EL VIENTO.—Hu..., hu... hu... Yo soy el látigo de estas grandes y oscuras olas que corren sobre el mar Yo las azoto, las empujo hasta el cielo; las hundo hasta el abismo... Hu..., hu..., hu...

EL MAR—Yo no tengo albedrío, no tengo voluntad; soy masa inerte, soy la fuerza ciega, la fatalidad que salva o condena, que crea o que destruye

EL VIENTO.—Mis cóleras son sus cóleras; mis mandatos, sus furias.

EL MAR.—Esta ola que embiste como un toro furioso, que golpea como un ariete, que salta, que rompe, que deshace, no ansía el daño, no busca la destrucción; ayer brillaba en perlas en las flores, al amanecer, en el campo. Corrió luego por el río, fué nube roja en el crepúsculo esplendoroso de una tarde y hoy es ola y mañana volverá a ser lo que fué, rodando por el círculo eterno de la eterna sustancia...

PARADOX.—Sí, todo cambia; todo se transforma en los límites del Espacio y del Tiempo, y todo, sin embargo, sigue siendo igual y lo mismo... No me asustas, tempestad, por más que brames; no eres más que un aspecto, y un aspecto insignificante del mundo de los fenómenos.

YOCK.—No hay otro hombre como mi amo. No le asustan ni el mar tempestuoso ni el terrible huracán; en vez de quejarse contra el destino, discurre sobre la esencia de las cosas. ¡Hombre admirable, eres casi digno de ser perro!...

Pasan así durante más de una hora Paradox y Yock. En esto sube Goizueta al puente.

GOIZUETA.—Aquí le traigo a usted un poco de galleta y de ron.

PARADOX.—*(Sorprendido.)* ¡Ah! ¿Es usted?

GOIZUETA.—No hay que olvidarse mirando a las olas de que hay que comer y beber. Conviene tener fuerzas.

PARADOX.—Y abajo ¿qué ocurre?

GOIZUETA.—Un escándalo. Una cosa repugnante. Los marineros están borrachos; los otros, mareados y locos de miedo.

PARADOX.—¿Tan poca filosofía tienen?

GOIZUETA.—Y ¿usted cree que la filosofía quita el miedo?

PARADOX.—¡No lo ha de quitar! El miedo no es más que un aspecto de la ignorancia. Ignorar es el principio de temer.

GOIZUETA.—Es posible.

PARADOX.—Es seguro.

Comen y beben los dos y se sustituyen en la rueda del timón.

PARADOX.—¿Y el grumete?

GOIZUETA.—Ha ido abajo, a las calderas. Es un chico templado.

En esto, el palo mayor cruje, se rompe y queda colgando, torcido, sujeto por el cordaje.

Goizueta sube por la escala con el cuchillo en la boca, corta las cuerdas rápidamente y el palo cae al mar, donde desaparece. A medida que el día avanza, comienza a subir la bruma y se va viendo a lo lejos, a intervalos, entre las masas de niebla que corren a impulsos del huracán, una costa bravía de arrecifes sobre la que saltan montañas de espuma.

PARADOX.—Y ¿no se podrá desembarcar ahí?

GOIZUETA.—¿En dónde?... Es imposible.

Calma un poco el viento.

PARADOX.—Esto parece que se arregla.

GOIZUETA.—Creo que no.

PARADOX.—Pues ahora el barco no cabecea.

GOIZUETA.—Caprichos. Los barcos tienen sus locuras, como las mujeres... Al mediodía el tiempo estará peor.

A pesar de la opinión de Goizueta, el mar llega a calmarse algo y Paradox baja del puente y entra en las cámaras de popa.

PARADOX.—Vamos, señores; ya empieza a pasar el peligro.

DORA.—¡Ay, yo me muero!

BEATRIZ.—Yo me encuentro muy mala.

PIPERAZZINI.—Estoy malísimo.

MINGOTE.—*(Con voz mortecina.)* ¡Don Pelayo! ¡Don Pelayo!

DON PELAYO.—¿Qué?

MINGOTE.—Soy el más desgraciado de los hombres.

DON PELAYO.—Y ¿los demás, no?

MINGOTE.—Usted recogerá mi último suspiro.

DON PELAYO.—*(Furioso.)* ¿Para qué quiero yo su último suspiro? ¿O es que cree usted que hago colección?

PARADOX.—Salgan ustedes un momento a respirar; esto les hará bien.

Todos los viajeros aparecen sobre cubierta y comienzan a andar de un lado a otro, a pesar de los balanceos del barco.

DIZ.—*(Con una palidez sepulcral.)* ¡Esto ha sido una traición!

PARADOX.—¿Por qué?

DIZ.—Porque sí. Me han tenido aquí encerrado con las mujeres. He intentado salir y no he podido. Si se hubiese usted ahogado me alegraría, porque es usted un imbécil, un farsante, que viene aquí a echárselas de héroe.

PARADOX.—¡Don Avelino!

DIZ.—¿Qué?... He dicho que es usted un imbécil y lo sostengo; he dicho que me hubiera alegrado de verle a usted en el agua, y lo sostengo también.

PARADOX.—Pero, mientras tanto, usted no se puede sostener. ¿Qué quiere usted que hiciera? Cuando le cuente a usted lo que ha pasado comprenderá usted que no le he podido avisar.

Diz se calla, iracundo. Los demás viajeros respiran con delicia el aire del mar. Al anochecer vuelve de nuevo a soplar el viento y a llover de una manera persistente.

VIII

NUEVO CAPITÁN

Por la noche, en la cámara de popa. El viento ha calmado; la mar sigue gruesa, aunque un poco más tranquila que por el día.

PARADOX.—Señores, nos encontramos en una situación grave. La noche pasada un golpe de mar arrancó del puente al capitán Jenkins y le hizo desaparecer entre las olas. Goizueta se encargó del timón; se mandó al grumete que avisara al teniente Duncan y el teniente estaba borracho, y casi toda la marinería con él; y no es eso sólo, sino que ahora mismo, excepto los maquinistas, los demás siguen borrachos. ¿Qué hacemos? ¿Vamos a permitir que se encargue del mando de la *Cornucopia* un hombre como Duncan, que en otro momento de peligro puede hacer lo mismo que ha hecho hoy?

TODOS.—No.

PARADOX.—Entonces hay que nombrar otro capitán. Yo propongo que lo sea Goizueta, que es el que nos ha salvado de un peligro inminente.

TODOS.—Sí, sí. Que sea él el capitán.

PARADOX.—Entonces, ¿queda nombrado capitán Goizueta?

TODOS.—Sí.

PARADOX.—¿Por unanimidad?

TODOS.—Sí.

PARADOX.—Capitán, puede usted mandar; le obedeceremos.

GOIZUETA.—Bueno. Hardibrás, coja usted el farol. Ustedes, Thonelgeben, Sipsom, Ganereau, Hachi Omar, vengan ustedes conmigo; Thady Bray quedará en el puente.

Los cuatro hombres siguen a Goizueta y a Hardibrás, los cuales entran en la cámara del capitán. Goizueta entrega a cada uno uun machete y un revólver.

GOIZUETA.—Ahora vamos a proa.

Recorren el barco. Al acercarse a la cámara de los marineros se oyen canciones y gritos. Goizueta empuja con el hombro la puerta, la abre y entra. Los demás pasan tras él.

GOIZUETA.—Al piloto prendedle. Está bien. Ahora atadle las manos. Eso es.

EL PILOTO.—*(Tartamudeando.)* ¿Es que ha caído el barco en poder de los piratas?

GOIZUETA.—El pirata eres tú, granuja. El capitán ha muerto y yo he sido nombrado en su lugar. Tú, Cooper; tú, Allen. *(Dirigiéndose a dos marineros..)* Trincadle al piloto y ponedle en la barra. *(A los demás.)* Vosotros a vuestros puestos, si no queréis que os mate a palos. Hachi Omar y Ganereau verán si estos dos hombres ponen en la barra al piloto. Si no lo hacen, fuego sobre ellos.

Hachi Omar y Ganereau escoltan a los dos marineros y al pilotoo. Goizueta, acompañado por Thonelgeben y Sipsom, bajan a las calderas.

GOIZUETA.—*(A los dos maquinistas.)* El capitán Jenkins ha muerto; como el piloto no ha cumplido con su deber, he sido nombrado capitán de la *Cornucopia*. Desde hoy, hasta que desembarquemos, mando yo, ya lo sabéis.

ROSE.—Está bien, capitán.

GOIZUETA.—¿Cuánto carbón queda aún?

ROSE.—Para un par de días a lo más. El pañol está casi vacío.

GOIZUETA.—Bueno, vamos arriba. *(Suben todos sobre cubierta.)* ¡Cooper, Allen!

COOPER.—Capitán.

GOIZUETA.—¿Está amarrado el piloto?

COOPER.—Sí.

GOIZUETA.—Bien. Ahora llenad una botella grande de aguardiente y llevadla para las mujeres a la cámara de popa.

COOPER.—¿Y luego?

GOIZUETA.—Luego, delante de mí, ahora mismo si no, coged los dos barriles y tiradlos al mar.

Los dos marineros cumplen la orden.

GOIZUETA.—Ustedes pasen a mi cuarto. *(Entran los cinco hombres. Hardibrás deja el farol sobre la mesa.)* Tengo que decirles francamente que no sé lo bastante para esto. Yo he sido marinero; pero de marinero a capitán hay mucha distancia. Yo no sé dónde estamos. Hemos debido de andar más de doscientas millas de ayer a hoy. ¿Qué rumbo tomamos?

PARADOX.—Sigamos con el rumbo anterior. Mañana, si clarea, podremos orientarnos. Si no tendremos que cambiar de dirección, aunque creo que encontraremos un transatlántico al paso.

GOIZUETA.—Bueno. Ahora una advertencia. Si ven que tomo alguna determinación que les parezca mal, no quiero que me lo digan delante de todos, sino aquí, a solas.

HARDIBRÁS.—Usted manda y nosotros obedecemos. El que manda no hace nada mal.

PARADOX.—Es una teoría.

SIPSOM.—Que no hay necesidad de discutir, por ahora. Lo que ha dicho Goizueta está bien.

IX

A CAZA DEL BOTE

Una semana después, al anochecer. Sigue la niebla. En la *Cornucopia* ya no queda carbón, está desmantelado el barco y marcha a la deriva. Todas las noches, cuando pueden, echan el ancla. La insubordinación sigue latente entre la marinería. Hay dos grupos: el capitaneado por Duncan y el de Goizueta. Los partidarios de éste lo forman la mayoría de los pasajeros. Todos los amigos de Goizueta duermen en la cámara de popa, donde han trasladado las armas y provisiones. Continuamente hacen guardia en el interior dos centinelas arma al brazo.

GOIZUETA.—Tenemos una suerte endiablada. Pasan días y días y esta maldita niebla no desaparece, no se encuentra un barco ni nada, y quizá hayamos pasado cerca de algún transatlántico.

PARADOX.—¿Dónde cree usted que estamos?

GOIZUETA.—No sé. La corriente nos arrastra. Vamos a la deriva; mejor dicho, a la buena de Dios. *(A un marinero.)* ¿Se ha echado el ancla?

EL MARINERO.—Sí.

GOIZUETA.—¿Quién queda de guardia en el puente?

EL MARINERO.—Goodvin.

GOIZUETA.—Está bien.

El capitán entra en la cámara de popa y se echa a dormir. Hachi Omar y Piperazzini hacen la guardia en el interior de la cámara. El capitán duerme cuando, al amanecer, alguien le despierta.

GOIZUETA.—¿Qué hay? ¿Qué pasa?

HACHI.—Capitán.

GOIZUETA.—Pero ¿qué sucede?

HACHI.—Que se van en el bote.

GOIZUETA.—¿Quiénes?

HACHI.—El piloto y los demás marineros. Con ellos han marchado miss Pich, Ferragut, el español gordo y el chiquito.

Goizueta sale a cubierta y se asoma por la borda. Se oye el ruido rítmico de los remos, que se va alejando en el silencio de la noche.

GOIZUETA.—¡Buen viaje! *(Al moro.)* No debe de tardar mucho en amanecer.

HACHI.—No, seguramente.

Goizueta pasea de arriba abajo por la cubierta de la *Cornucopia*. Una hora después comienza a clarear; la niebla espesa va y viene con los embates del viento, toma un color blanquecino; luego, del lado de tierra, aparece un resplandor rojizo, y se ve a lo lejos, con vaguedad, una costa baja de arena, con arrecifes que parecen monstruos marinos, en donde revientan las olas levantando nubes de espuma.

GOIZUETA.—¿Habrán abandonado el bote esos granujas?

HACHI.—No se los ve.

GOIZUETA.—*(Con el anteojo.)* Sí, allí está. Lo han dejado en la arena. Vamos a ver qué profundidad hay aquí. Trae la sonda. *(Hachi Omar viene con la sonda, y Goizueta sondea.)* Hay cinco brazas. A poca distancia un nadador encontrará fondo. ¿Tú sabes si alguno de los nuestros sabe nadar bien?

HACHI.—Sí; el señor Sipsom y Thady Bray.

GOIZUETA.—Despiértalos. Vamos a ver si recuperamos el bote. *(Solo; mirando con el anteojo.)* No se ve a nadie. Han debido de hundir la lancha en la arena.

HACHI.—Ahora vienen Sipsom y Thady.

GOIZUETA.—¿No hay unos salvavidas?

HACHI.—Sí.

GOIZUETA.—Tráelos.

SIPSOM.—*(Saliendo a cubierta.)* ¿Qué pasa?

GOIZUETA.—Esos granujas de marineros que han cogido el bote y se han marchado.

SIPSOM.—Buen provecho. Los moros les cortarán la cabeza.

GOIZUETA.—He pensado que debemos intentar coger el bote.

SIPSOM.—¿Cómo?

GOIZUETA.—A nado.

SIPSOM.—Está un poco lejos para ir y volver.

GOIZUETA.—Pondremos dos boyas en el camino. Atad estas cuatro cubas dos a dos.

Hachi Omar y Thady Bray hacen lo mandado.

THADY BRAY.—¿Y ahora?

GOIZUETA.—Coged cada uno un cinturón salvavidas y vamos a echar las cubas al agua. Nosotros, el señor Sipsom y yo, iremos a la playa a ver si cogemos el bote; tú, Thady, irás empujando las dos barricas en dirección a la playa, y Hachi Omar llevará las otras dos un poco más lejos. La cuestión es que, en el caso de que no podamos llegar y coger el bote, tengamos a la vuelta un sitio de descanso.

SIPSOM.—Una advertencia. Creo que debemos despertar a los compañeros.

GOIZUETA.—¿Para qué?

SIPSOM.—Si no llegamos a apoderarnos del bote pueden perseguirnos. En este caso, no estaría de más que desde aquí se les hiciera fuego.

GOIZUETA.—Tiene usted razón. Llamemos a los otros.

Van saliendo Paradox, Thonelgeben, Diz, Hardibrás y Piperazzini. Hachi Omar les explica el proyecto. Goizueta, Sipsom y Thady Bray echan las barricas por la borda y en seguida se lanzan ellos al mar.

PARADOX.—Pero esto es un disparate. Es un proyecto descabellado. Desde aquí no estamos a tiro. Los van a coger. La distancia es mayor de lo que ellos se figuran.

DIZ.—Afortunadamente no hay nadie en la playa.

Se ve a Sipsom y a Goizueta que nadan virogosamente en dirección de la costa, y a Thady Bray y luego al moro empujando con esfuerzo las barricas.

Goizueta y Sipsom, mientras, van nadando.

GOIZUETA.—Me canso. Me he hecho la ilusión de tener más fuerza de la que tengo.

SIPSOM.—Apóyese usted en mí un momento. Ya pronto daremos fondo.

GOIZUETA.—Hay más distancia de la que yo creía.

SIPSOM.—No hay que apurarse; dentro de cinco minutos estamos en la playa.

GOIZUETA.—Es que no sé si tendré fuerzas para sostenerme cinco minutos.

SIPSOM.—Sí, hombre, sí.

GOIZUETA.—Lo dudo.

SIPSOM.—Descanse usted otra vez.

Siguen nadando hasta que Sipsom se pone en pie en el fondo y saca la cabeza.

GOIZUETA.—¿Ya?

SIPSOM.—Sí.

GOIZUETA.—Gracias a Dios. Creí que no llegaba.

Van saltando entre las olas, por la playa, que es un arenal llano, sin piedras, hasta salir fuera del agua. El bote está hundido en la arena con la proa mirando a la costa. Se ve que lo han dejado tal como quedó al embarrancar.

SIPSOM.—Nos hemos fastidiado.

GOIZUETA.—¿Por qué?

SIPSOM.—Está bajando la marea y el bote queda en seco.

GOIZUETA.—Es verdad.

SIPSOM.—¿Podremos arrastrarlo hasta el mar?

GOIZUETA.—¡Qué sé yo!

SIPSOM.—No hay otro recurso.

Empujan los dos la lancha y no logran moverla.

GOIZUETA.—Habrá que apalancar con los remos. Hágalo usted; yo iré quitando la arena por delante.

SIPSOM.—*(Forcejeando.)* ¿Avanza?

GOIZUETA.—Sí, pero muy poco.

SIPSOM.—Pongamos la parte redonda de un remo debajo del bote para que sirva de rodillo.

Goizueta rompe un remo y coloca su parte cilíndrica debajo de la quilla. Empujan después los dos y arrastran la lancha unos metros, vuelven a hacer la misma operación una vez y varias y se detienen fatigados.

GOIZUETA.—Avanza poco y el mar corre más que nosotros.

SIPSOM.—¡Si esperáramos la pleamar!

GOIZUETA.—Y ¿si vienen ésos mientras tanto?

SIPSOM.—¿Qué quiere usted que hagamos entonces?

GOIZUETA.—No sé. Creo que hemos hecho una tontería.

SIPSOM.—Ahora no es cuestión de lamentarse. Descansemos.

Permanecen algún tiempo sentados en la arena, mirando a la costa, dispuestos a huir.

SIPSOM.—*(Alarmado.)* ¿Quiénes vienen nadando hacia aquí?

GOIZUETA.—No veo a nadie.

SIPSOM.—Sí, allí, ¿no ve usted?

GOIZUETA.—Son dos hombres.

SIPSOM.—Uno de ellos es el moro.

GOIZUETA.—¿Hachi Omar?

SIPSOM.—Sí.

GOIZUETA.—Es verdad. El otro parece Thady Bray. ¿Qué pasará?

SIPSOM.—¿Qué ha de pasar? ¡Que vienen a ayudarnos!

GOIZUETA.—¡Valientes! Y el chico nada como un delfín.

SIPSOM.—Quizá hayan visto algo. Empujemos.

GOIZUETA.—Vamos allá.

Arrastran unos metros la embarcación. Aparecen Thady Bray y Hachi Omar entre las olas.

THADY BRAY.—¡Eh, eh! ¡Que vienen ésos!

HACHI.—¡Que están ahí!

Se reúnen los cuatro alrededor del bote.

SIPSOM.—¡Vamos, un esfuerzo!

Empujan la lancha, que se desliza por la arena. Se oyen disparos.

GOIZUETA.—Estamos perdidos.

SIPSOM.—¿Quién puede ser? Ésos no tienen armas.

HACHI.—¡Si son de la *Cornucopia*!

GOIZUETA.—Imposible. No están a tiro.

THADY BRAY.—Pues mire usted. Avanza hacia aquí a todo vapor.

HACHI.—Y ésos huyen.

SIPSOM.—¡Vamos, un empujón más!

Arrastran la barca hasta hacerla entrar en el mar, y cuando les llega el agua al pecho van saltando al bote.

SIPSOM.—¡Hurra!

TODOS.—¡Hurra!

Se acercan a la *Cornucopia,* que sigue echando humo por la chimenea. En el puente, Paradox, agarrado a la rueda del timón, dirige el barco. En la cubierta, los hombres y las mujeres, armados de fusiles, miran a la costa.

GOIZUETA.—Ese demonio de Paradox nos ha salvado la vida. Se le habrá ocurrido alguna cosa estrambótica para hacer andar el barco.

SIPSOM.—Está magnífico sobre el puente.

Suben los cuatro, medio denudos, a la *Cornucopia* y salen poco después vestidos y arreglados.

GOIZUETA.—*(A Paradox.)* Pero ¿dónde ha encontrado usted carbón?

PARADOX.—He quemado todo lo que se me ha puesto por delante. Desde que han partido ustedes me he figurado que el proyecto suyo era peligroso, y entre Diz y yo hemos llenado el fogón de tablas y de maderas. Hubiésemos quemado todo el barco.

SIPSOM.—¡Gracias, muchas gracias! Nos han salvado ustedes la vida.

GOIZUETA.—Es verdad.

PARADOX.—¡Bah! Si seguimos así, pronto les tocará a ustedes el desquite.

X

EL DESEMBARCO

Es de noche. El cielo está oscuro; el mar, borrascoso. Diz de la Iglesia pasea por el puente haciendo guardia. La *Cornucopia* está anclada a unas cuantas millas de la costa. El viento ha refrescado.

DIZ.—¿Tendremos otra tempestad? Sería un ensañamiento de la suerte; llueve y relampaguea. El tiempo toma mal cariz. *(Van sucediéndose ráfagas de viento, cada vez más impetuosas. Se oye a lo lejos el sonar de los truenos.)* Sería cosa de avisar al capitán; aunque quizá no tenga esto importancia alguna. Pero la lobreguez de la noche espanta. *(De tiempo en tiempo se siente el golpe que da la amarra del ancla al distenderse. De pronto, el golpe cesa.)* ¡Qué bamboleos! ¡Qué barbaridad! Cualquiera diría que el barco se mueve. Es una ilusión; sí, es una ilusión, sin duda, pero creo que sería conveniente avisar al capitán. *(Entrando en la cámara de popa.)* ¡Goizueta! ¡Goizueta!

GOIZUETA.—¿Qué pasa?

DIZ.—Que el tiempo presenta muy mal aspecto.

GOIZUETA.—¡Bah! Estas borrascas del trópico son como los dineros del sacristán, que cantando se vienen y cantando se van.

DIZ.—Sin embargo, creo que convendría que subiera usted por si hay que hacer algo.

Salen Goizueta y Diz sobre cubierta. El viento silba con violencia.

GOIZUETA.—Mala señal. Las olas no vienen del lado del viento. Pero ¿qué pasa? ¡Navegamos! La amarra del ancla se ha debido romper. *(Corre y retira la amarra, con el ancla rota. Las uñas, parte de la caña y el cepo han quedado en el fondo.)* No, lo que se ha roto es el ancla. Despierte usted a todos. Estamos cerca de tierra; vamos a encallar.

Goizueta sube al puente, mientras Diz de la Iglesia entra en la cámara a llamar a todo el mundo. El pánico es terrible. Despertados bruscamente, nadie se da cuenta de lo que pasa. Le piden explicaciones a Diz. En esto se siente un golpe ligero del timón en la arena; luego, una conmoción, tan brusca, tan fuerte, que hace crujir el barco. La goleta queda varada en un bajo de piedras. Una ola la empuja por un lado; la embarcación se mantiene un momento en equilibrio inestable; pero un nuevo golpe de mar, atacándole por el flanco, la hace tumbarse y queda tendida sobre el arrecife. El suceso pone a todos en la mayor consternación. Ya no se preguntan qué ocurre, lo han comprendido al instante. Salen sobre cubierta. El buque se va llenando de agua.

GOIZUETA.—Tranquilidad, señores. El peligro no es grande. Vamos a desembarcar. La costa está cerca. Creo que tenemos tiempo para hacer las cosas despacio y bien. A ver, cuatro hombres, que bajen el bote y lleven a las mujeres a la costa. Que se quede uno con ellas y que vuelva el bote aquí. ¡Pronto!

A la luz de antorchas embreadas echan el bote al agua, bajan las tres mujeres y con ellas Thady Bray, Ganereau, Sipsom y Thonelgeben.

El bote se larga y desaparece en la oscuridad.

Los que quedan en la *Cornucopia* toman palos y tablas; los atan fuertemente y van clavando maderas y puertas, que arrancan de los camarotes. Echan la balsa al agua, la amarran y Paradox se encarga de cuidar de que no golpee contra la embarcación. Luego atan a la balsa barriles vacíos. Se saca a cubierta la pólvora, armas y provisiones, que se echarían a perder si se mojaran, y esperan todos en el castillo de popa, silenciosos, que vuelva el bote. De cuando en cuando alguna ola furiosa choca con los escollos y contra el barco y salta una nube de espuma por encima de él.

PARADOX.—Y estos golpes furiosos del mar, que revientan sobre el buque, ¿no podrán llegar a desbaratarlo?

GOIZUETA.—No; creo que no.

Llega la luz del día, tan ansiada. Se dibuja entre la niebla la línea de la costa. Enfrente, a una legua de distancia, aparece una línea de arrecifes y una isla pequeña en la desembocadura de un río. Bandadas de gaviotas pasan chillando. Se ve acercarse el bote, que viene de vuelta.

SIPSOM.—*(Desde el bote.)* Las mujeres y Ganereau han quedado allí. La isla parece deshabitada; tiene agua y una ensenada al abrigo de los temporales.

GOIZUETA.—Vamos a terminar la balsa. Llevemos lo más necesario, y si mañana el mar está tranquilo, volveremos de nuevo.

Trabajan todos en la construcción de la balsa y van sacando de los camarotes lo que cada cual conceptúa como más útil.

GOIZUETA.—¿Está todo? No hay que cargar demasiado.

PARADOX.—Debe de haber una tienda de campaña. Hay que llevarla.

GOIZUETA.—Está bien; dentro de un momento comenzará a subir la marea, y hay que largarse. Si falta algo, dejémoslo para mañana.

Siguen trabajando hasta que Goizueta da la orden de partida. Entran en el bote y van remolcando la balsa, que avanza muy despacio. Rebasan la primera línea de arrecifes, y siguiendo las indicaciones de Thady Bray entran por un canal de bastante fondo. Al acercarse a la isla, la marea les lleva a un sitio alejado de donde han desembarcado por la mañana. Hacen redoblados esfuerzos para no dejarse arrastrar por al corriente, y pueden atracar en una playa de arena sembrada de grandes rocas. Sujetan la balsa con amarras y van desembarcando armas, víveres, municiones y otra porción de objetos. Paradox coloca la tienda de campaña. Ganereau y las mujeres hn encendido una gran hoguera y han traído agua. Cenan galletas, queso y té. Se secan la ropa al fuego y al anochecer se tienden todos a dormir, menos un centinela, que se releva para vigilar y cuidar de la lumbre.

XI

EN TIERRA

Está amaneciendo. Dora, Beatriz y Môme Fromage calientan agua en una gran tetera; los demás hablan alrededor del fuego.

SIPSOM.—Creo que es conveniente hacer el resumen de nuestra situación. Estamos en África. ¿En qué latitud?... No lo sabemos; pero lo más probable es que el punto en donde nos encontramos esté en la costa de Guinea. No quedan víveres más que para unos días.

BEPPO.—Hay dos sacos de arroz.

SIPSOM.—Todo eso lo consumiremos pronto, y entonces lo más probable es que el hamhbre nos obligue a internarnos en el contienente. Tendremos que sufrir grandes contrariedades: y como la desgracia desune, es posible que cada uno quiera tirar por su lado, lo cual sería un grave inconveniente para la salvación de todos. Propongo, pues, que se nombre un jefe.

TODOS.—Aceptado.

PARADOX.—Goizueta ha sido nuestro capitán en el mar, ¿por qué no ha de serlo también en tierra?

SIPSOM.—Yo propongo al señor Paradox.

THONELGEBEN.—Me parece el mejor.

TODOS.—Aceptado, aceptado.

PARADOX.—No, yo no.

GOIZUETA.—No tiene usted más remedio que aceptar.

PARADOX.—Entonces, acepto.

DIZ.—*(Por lo bajo.)* ¡Farsante! ¡No quiere más que darse tono!

PARADOX.—Puesto que me asignan ustedes un papel tan importante, trataré de salvar, como mejor pueda, los intereses comunes.

SIPSOM.—Usted dispone lo que tengamos que hacer ya desde hoy.

PARADOX.—Lo primero que vamos a hacer es construir una balsa sólida y sacar todo lo que podamos de la *Cornucopia.*

DIZ.—Y ¿no sería mejor?...

PARADOX.—No, no sería mejor, don Avelino. Creo que la *Cornucopia* se va a desbaratar muy pronto; ¿no le parece a usted, Goizueta?

GOIZUETA.—Es muy probable que antes de una semana no le quede ni un madero.

PARADOX.—Vamos, señores.

BEATRIZ.—*(Sirviendo el té.)* Tienen ustedes suerte. Hay tazas para todos; no se pueden ustedes quejar.

Van tomando el té.

PARADOX.—¿Estamos?

SIPSOM.—Sí.

PARADOX.—*(A las mujeres.)* Ustedes, mientras nosotros hacemos la balsa, se dedican a secar los fusiles y las armas por si les ha atacado la humedad.

DORA.—Muy bien, señor Paradox.

PARADOX.—Hardibrás y Beppo les harán compañía.

HARDIBRÁS.—A la orden, mi capitán.

PARADOX.—Puede usted dedicarse a pescar, señor Hardibrás, mientras Beppo hace la comida. Es un entretenimiento muy filosófico.

BEPPO.—¡Hacer la comida! ¿Con qué, señores, si no hay más que arroz y queso?...

PARADOX.—Y ¿le parece a usted poco un alimento tan completo que tiene una gran cantidad de nitrógeno?

SIPSOM.—Una advertencia a las señoras. Como el desembarcadero no está cerca y, en el caso de que gritaran ustedes, no les oiríamos, la bandera de la *Cornucopia* está aquí; si nos necesitan, la tremolan en el aire.. Habrá quien tenga cuidado de mirar a cada momento.

DORA.—Está muy bien, señor Sipsom. ¡Muchas gracias!

Marchan todos, y bajo la dirección de Goizueta se ponen a trabajar en la balsa hasta darle la suficiente consistencia. Le ponen un palo con un petifoque, y unas veces a impulsos del viento y otras a remolque de la lancha, llegan a la *Cornucopia*.

Arrancan del barco todas las tablas que pueden, forman otra balsa con maderas y barriles, y las dos cargadas vuelven a la isla a fondear en el desembarcadero.

Al mediodía van a la tienda de campaña. Hardibrás ha encontrado un criadero de ostras. Beppo ha hecho una sopa de arroz. Comen, y durante la tarde van descargando las dos balsas.

Al día siguiente, por la mañana, al levantarse, miran al mar. Del casco de la *Cornucopia* no queda más que la armazón batida por las olas que se cruzan y llevan flotando entre sus espumas trozos de cordajes y de maderas.

SIPSOM.—Ahora debemos empezar la construcción de la casa. Creo que no nos podremos quejar. Vamos a estar mejor de lo que queremos.

DORA.—¿De veras?

PARADOX.—Hay hasta cristales. Eso me parece un lujo inútil. Hay agua, comida... Beppo ha encontrado unas bananas que, machacadas, se comen como pan. ¿Qué más se puede desear?

BEATRIZ.—La verdad es que, dentro de la desgracia, tenemos suerte.

SIPSOM.—Yo prefiero estar aquí que no en Europa. Es mucho más divertido.

DIZ.—Yo también.

PARADOX.—Yo casi lo preferiría si no pesara sobre mí este cargo que me han conferido ustedes.

DIZ.—¡Farsante!

Mientras hablan, dos negros espían y escuchan la conversación. Pasa el día. Los náufragos entran en la tienda de campaña, y en este momento dos grandes canoas que bajan por el río doblan la punta de la isla, entran en el canal y van acercándose con precaución, sin meter ruido alguno, al embarcadero.

Atracan las dos canoas, y de ellas van saliendo negros y más negros armados de lanzas, hachas y azagayas. Uno de los salvajes corta las cuerdas que sostienen la tienda de campaña, que cae sobre los que duermen, envolviéndolos en los pliegues de la tela.

TODOS.—Pero ¿qué hay? ¿Qué pasa?

LOS NEGROS.—¡Masinké! ¡Masinké!

Los van prendiendo uno a uno, atándoles las manos y llevándolos a sus canoas. Yock y Dan, el perro danés de Sipsom, les siguen.

SEGUNDA PARTE

I

EL PRIMER MINISTRO

En la ciudad de Bu-Tata, capital del reino de Uganga, que es un conjunto de aduares formado por cabañas y cuevas pobrísimas, a orillas de un ancho río que se despeña en grandes cascadas. En un corral, cercado por una valla, están todos los náufragos.

LOS NEGROS.—*(Alrededor, a coro.)* ¡Ron!... ¡Ron!

GOIZUETA.—¡Granujas! ¡Ya os daría yo ron con buena estaca!...

BEATRIZ.—¿Nos matarán, papá?

GANEREAU.—No, hija mía; no.

PARADOX.—¿Qué clase de negros son éstos?

GOIZUETA.—Una clase bastante fea.

THONELGEBEN.—Son mandingos; una raza poco inteligente y muy cruel. Venden sus mujeres y sus chicos por cualquier cosa.

PARADOX.—¿Qué ángulo facial cree usted que tendrán?

THONELGEBEN.—No sé. Es un punto que no me preocupa, señor Paradox.

Se produce en la masa de negros un movimiento de curiosidad y se ve aparecer sobre las cabezas, en un palanquín dorado, un negrazo con sombrero de tres picos, levita azul con charreteras y sin zapatos.

El personaje desciende arrogantemente del palanquín y entra en el vallado, en donde están los náufragos prisioneros, seguido de su comitiva.

EL MINISTRO FUNANGUÉ.—¡Ron! ¡Ron!

GOIZUETA.—No hay ron.

Funangué frunce el ceño; Paradox, para apaciguarle, le ofrece su reloj.

FUNANGUÉ.—Yo no querer tu animal; morirse en mis manos.

PARADOX.—No morirse, no. Todos los días darle vida así.

Funangué sonríe, dándole cuerda al reloj.

FUNANGUÉ.—¿Sois ingleses?

PARADOX.—Sí.

FUNANGUÉ.—¿Tenéis huesos?

PARADOX.—Sí. Muchos. Sólo en la cabeza tenemos el frontal, los dos parietales, los dos temporales, el occipital...

FUNANGUÉ.—Y ¿sois blancos por todo el cuerpo?

PARADOX.—Por todas partes. Eso depende de que los corpúsculos de Malpighio...

FUNANGUÉ.—*(Indicando el reloj.)* ¿Tu animal es para mí?

PARADOX.—Sí.

FUNANGUÉ.—Gracias, muchas gracias. *(Agarrando a uno de su escolta de la oreja y dirigiéndose a Paradox.)* Toma este otro animal para ti. Sabe un poco de inglés.

El caballero Piperazzini saca un terrón de azúcar del bolsillo y se lo ofrece al primer ministro. El hombre lo prueba, luego lo come y se relame después.

FUNANGUÉ.—¿No tenéis ron, de veras?

SIPSOM.—No; aquí, no. Pero lo sabemos hacer.

FUNANGUÉ.—¿En cuánto tiempo lo podéis hacer?

SIPSOM.—En siete u ocho días.

FUNANGUÉ.—Yo pensaba mataros, pero esperaré a que hagáis el ron.

SIPSOM.—Te advierto que necesitamos instrumentos que se han quedado en el sitio donde estábamos.

FUNANGUÉ.—Se irá a buscarlos y os los traerán.

SIPSOM.—Nadie los conoce más que nosotros.

FUNANGUÉ.—Entonces pediré permiso al rey para que os deje marchar. Bagú, el Gran Mago, ha dicho que es necesario mataros para apaciguar a la Luna, pero esperaremos.

SIPSOM.—Harás bien. La Luna esperará también sin impacientarse. Te daremos ron; te daremos oro; te daremos telas bonitas; todo será para ti.

FUNANGUÉ.—¿Todo para mí?

SIPSOM.—Todo.

FUNANGUÉ.—Hasta mañana.

El primer ministro sale del vallado, sube al palanquín poniendo el pie en la espalda de un negro y se aleja.

GOIZUETA.—*(Contemplando al negro regalado por el ministro.)* Y este chato se ha quedado aquí. ¿Qué hacemos con él?

PARADOX.—*(Al negro.)* ¿Y tú no te vas?

UGÚ.—Yo, no; yo soy vuestro.

PARADOX.—¿Cómo te llamas?

UGÚ.—Ugú, que en nuestro idioma quiere decir el bello.

PARADOX.—¡Hombre, es interesante! Ugú..., que quiere decir el bello...; voy a apuntarlo.

SIPSOM.—¿Y tú crees que nos matarán?

UGÚ.—Sí.

SIPSOM.—Y ¿no habrá medio de salvarnos?

UGÚ.—Prometedle algo a Bagú el Mago.

SIPSOM.—Y ¿quién es ese hombre?

UGÚ.—Es el mago más sabio de toda Uganga.

SIPSOM.—Y ¿qué hace?

UGÚ.—Conoce las treinta y tres maneras de aplacar al Fetiche. Tiene además una calabaza llena de cosas excelentes para contentar a la Luna y unas bolas de estiércol muy eficaces para acertar el porvenir.

PARADOX.—Y ¿acierta?

UGÚ.—Pocas veces.

PARADOX.—Vamos..., casi nunca.

UGÚ.—Es verdad.

PARADOX.—Pero ¿se sigue creyendo en él?

UGÚ.—Es natural; es mago.

SIPSOM.—Y ¿qué vicios tiene ese hombre? ¿Es borracho?

UGÚ.—No.

SIPSOM.—¿Es avaro?

UGÚ.—Algo.

PARADOX.—Sí; es vicio de magos y de hierofantes.

SIPSOM.—¿Es fanático?

UGÚ.—Mucho.

SIPSOM.—¿Es cruel?

UGÚ.—Más.

SIPSOM.—¿Es ambicioso?

UGÚ.—Más aún.

SPSOM.—¿Le gustan las mujeres?

UGÚ.—Quiere casarse con la princesa Mahu, la hija del rey.

SIPSOM.—Y ¿ella le quiere?

UGÚ.—No. Ella quiere a Hi-ji, que es un esclavo de su padre.

PARADOX.—¿Quién será este otro pingüinillo que viene por ahí?

II

EL PRIMER SACERDOTE

Se oye el sonido de un *tan tan;* después, un estrépito acompasado de cascabeles y de campanillas. Se abre de nuevo la multitud y aparece un negro pintarrajeado de arriba abajo. Lleva un moño lleno de lazos, plumas y adornos de latón; un collar de calaveras de pájaros que le cae sobre el pecho; en la cintura, una especie de falda llena de campanillas, y entre los dientes, una pipa.

BAGÚ.—Yo soy el primer sacerdote de Uganga. Tengo esta calabaza llena de cosas excelentes para aplacar las iras de la Luna y de los Fetiches.

SIPSOM.—*(Inclinándose.)* ¡Señor, eres un grande hombre!

BAGÚ.—Habéis ofendido con vuestra presencia a la Luna; mañana, al amanecer, se os cortará la cabeza a todos.

SIPSOM.—Tu sabiduría es grande, señor. Tienes la fuerza del león...

PARADOX.—... Y la astucia de la serpiente.

SIPSOM.—Dígnate escucharme un momento a solas, hombre extraordinario.

BAGÚ.—Te escucho. *(A los de la comitiva.)* Alejaos.

SIPSOM.—Entre nosotros, señor, hay también un mago. Yo no puedo indicar quién es. Él ha dicho hace un momento: el sabio hechicero Bagú conoce las treinta y tres maneras de aplacar al Fetiche; tiene las mejores bolas, del mejor estiércol, en la mejor calabaza de todas las calabazas posibles; sabe adivinar el porvenir; pero hay una mujer que no le quiere porque el sabio Bagú no conoce la flor que abre los corazones, como yo la conozco.

BAGÚ.—Y ¿quién de vosotros es el mago?

SIPSOM.—No lo puedo decir, me está prohibido.

BAGÚ.—Y ¿no ha dicho más?

SIPSOM.—Sí, algo más ha indicado; pero no sé si atreverme...

BAGÚ.—Habla, habla sin miedo.

SIPSOM.—Ha dicho también que su vida y la tuya, ¡oh gran mago!, dependen de la misma estrella. Que el día que tú mueras, él morirá; que el día que él muera, tú morirás necesariamente.

BAGÚ.—Y ¿quién es..., quién es ese hombre?

SIPSOM.—No puedo responderte. No puedo indicar ni si soy yo, ni si son los demás, ni si es hombre o mujer.

BAGÚ.—¿Tú crees que me dará esa flor que abre los corazones?

SIPSOM.—Sí; te dará algo más.

BAGÚ.—¿Qué?

SIPSOM.—La flor que sirve para hacerse rey.

BAGÚ.—*(Pensativo.)* ¿Qué hay que hacer para obtener esa flor?

SIPSOM.—Nosotros hemos dejado, en el sitio donde nos prendieron, un aparato extraño que indica dónde se cría la planta de esa flor. Si permites que vayamos allá, antes de poco te entregaremos esa flor, serás dueño del corazón de una mujer y serás rey.

BAGÚ.—Está bien; iréis.

Dicho esto, el primer sacerdote de Uganga se aleja de Sipsom y se reúne a su gente. Suena de nuevo el *tan tan.*

EL VERDUGO.—Mañana a la mañana, gran mago, ¿verdad?

BAGÚ.—No; hay que esperar. La Luna lo manda.

PARADOX.—¡Hurra! ¡Hurra por la pérfida Albión!

III

NO ESTÁ LA FELICIDAD EN LAS ALTURAS

En el palacio real, que es una barraca hecha con adobes, la princesa Mahu se pasea, completamente desnuda, a lo largo de sus habitaciones. La princesa tiene negros y hermosos ojos. Una gargantilla de corales, unidos con pelo de dromedario, le da muchas vueltas al cuello.

La princesa Mahu da al aire sus tristes lamentos.

LA PRINCESA MAHU.—Lejos de estas vanidades yo quisiera vivir. ¡Ah!, que la suerte es cruel para mí. Mi padre, el gran rey de Uganga, me destina al sabio mago Bagú. Es viejo, es feo, es triste; pero sabe conocer el tiempo y conjurar las enfermedades y los males. En cambio, Hi-Ji todo lo ignora; pero ¡es tan bello!, ¡su color es tan negro!, ¡su nariz es tan chata!... ¡Tiene tantas facultades! ¡Qué feliz sería yo si quisiera robarme y llevarme a su cabaña! Antes, muchas veces, soñaba con ser su esposa, soñaba con el placer de guisarle los saltamontes necesarios para la cena, y de amasar para él el pan con las bananas. Ya no hay ilusiones para mí, ya no hay bananas en este bajo mundo. Lejos, lejos de estas vanidades yo quisiera vivir. Lejos de estos refinamientos; sin taparrabos, sin plumas, sin collares...

BAGÚ.—*(Paseando preocupado y melancólico por el jardín del alcázar.)* No seas cándido, Bagú. la princesa Mahu te engaña. ¡Un mago, un adivino a quien engaña su prometida! ¿Hay cosa más absurda? Pero ¿qué le ha podido entusiasmar de ese gañán? ¿Tiene la nariz agujereada? No. ¿Sabe, como yo, la manera de aplacar al Fetiche? Tampoco. No tiene ciencia ni poder, no tiene más que juventud...; ¡pse!..., ¡qué minucia! ¡Oh corazón femenino, cuántos enigmas guardas en tu seno! ¿Qué mago los averiguará? Hay que salvar a esos extranjeros; hay que conservar sus vidas hasta que me entreguen esa planta que es la llave del amor y de la ambición.

EL REY KIRI.—*(Pensativo.)* ... Y es que, en el fondo, soy un hombre sensible; soy sentimental... Mis eunucos me traen las mujeres más hermosas del reino; mis cortesanos me ofrecen las suyas; todos me temen, todos tiemblan en mi presencia, todos me adoran, y yo me aburro.

... Y es que, en el fondo, soy un hombre sensible; soy un sentimental.

A veces me entretengo en matar pajarillos con mis flechas; ¡infantil distracción! Cuando esto no me divierte, hago que le corten la cabeza, delante de mí, a alguno de mis criados o a alguna de mis mujeres. Y, a pesar de estos amables esparcimientos, me aburro... Y es que, en el fondo, soy un hombre sensible; soy un sentimental.

Mi poeta me dice que soy lo más alto, lo más bello, lo más admirable que hay en la tierra; me dice que mi palacio es el mejor de todos los palacios; que mis camellos son los mejores de todos los camellos; que mis generales son los más expertos de todos los generales; y, a pesar de mi palacio, de mis camellos, de mis generales, de mis nobles y de mis mujeres, mi labio belfo se alarga de tristeza y toma proporciones considerables, y me aburro, me aburro soberanamente... Y es que, en el fondo, soy un hombre sensible; soy un sentimental.

IV

LA RECEPCIÓN

El rey Kiri, vestido con casaca y botas de montar, está en su trono, en medio de la corte. A su alrededor se congregan los magos, los nobles y los soldados. Las damas de palacio, perfectamente desnudas, con los vientres arrugados y las ubres que les llegan hasta el ombligo, rodean a la princesa Mahu.

EL REY.—Que se acerquen esos extranjeros.

Se van presentando todos ante el rey.

FUNANGUÉ.—Gran rey, una palabra antes de que pronuncies tu sentencia. Estos insignificantes extranjeros, estos insectos que se atreven a presentarse ante tu trono, son unos insectos sabios e industriosos; conocen un sinfín de secretos importantísimos. Han asegurado que, para ti, ¡oh gran rey!, harán ron; traerán oro y telas bonitas.

EL REY.—¿Sí?

FUNANGUÉ.—Sí.

EL REY.—¿Y si la Luna se incomoda? Bagú ha dicho que la Luna está ofendida con la presencia de esos blancos, y que es necesario que mueran.

BAGÚ.—*(Con gran entereza.)* La Luna ha cambiado de opinión... Ahora manda conservar sus vidas.

SIPSOM.—¡He aquí una luna simpática!

MAHU.—*(Compasivamente.)* Entonces, no hay que matarlos; ¡pobrecillos!

EL REY.—Y ¡yo que esperaba divertirme! ¿Con qué me voy a entretener? Que me traigan unos cuantos niños, y pasaré el rato cortándoles la cabeza.

LOS CORTESANOS.—¡Eres admirable! ¡Eres sublime! ¡Eres maravilloso!

EL REY.—*(A Funangué.)* Enséñales a esos débiles insectos sus obligaciones, mientras yo me distraigo un rato con estos pobres niños.

FUNANGUÉ.—Voy, gran rey. Miserables extranjeros, viles gusanos, rastreras alimañas, os voy a explicar, en pocas palabras, la admirable Constitución de nuestro reino. Oíd y admiraos: en Uganga todo es del rey: las casas, las tierras, los árboles, los hombres, las mujeres..., todo.

PARADOX.—Muy buena idea.

SIPSOM.—Sobre todo, muy original.

FUNANGUÉ.—Lo que le sobra al rey es para su madre; luego, para sus hijos y sus hermanos; después van tomando parte sus primos, sus tíos, sus criados; luego vengo yo; después de mí, los nobles; luego los magos, y por último los soldados.

GANEREAU.—¿Y el pueblo?

FUNANGUÉ.—El pueblo bastante tiene con la honra de trabajar para que vivamos el rey y su familia, yo, los magos, los nobles y los soldados. La Constitución del reino de Uganga es la mejor del mundo.

SIPSOM.—Sobre todo, para vosotros.

PARADOX.—Y ¿los nobles, no trabajan?

FUNANGUÉ.—No; son criaturas demasiado perfectas para comprometer su honor en viles menesteres. Ellos cazan, montan sobre sus camellos, cobran sus rentas...

PARADOX.—Y ¿qué méritos tienen para vivir así?

FUNANGUÉ.—Que son hijos de sus padres.

PARADOX.—¿Todos?

FUNANGUÉ.—Algunos quizá no lo sean.

PARADOX.—¿Los magos no trabajarán tampoco?

FUNANGUÉ.—Es natural. Esos se dedican a leer en el libro del porvenir.

PARADOX.—Y ¿lo leen bien?

FUNANGUÉ.—No; la mayoría de las veces se equivocan. En muchas ocasiones pronostican que hará buen tiempo, y suele llover; pero eso no es culpa suya.

PARADOX.—Es más bien culpa de las nubes. ¿Y los soldados?

FUNANGUÉ.—Los soldados, en tiempo de paz, roban lo que pueden.

PARADOX.—Y ¿en tiempo de guerra?

FUNANGUÉ.—En tiempo de guerra, corren.

PARADOX.—Es un buen ejercicio gimnástico.

FUNANGUÉ.—La Constitución de Uganga es como

ninguna. Ya sabéis, pues, viles gusanos, cuáles son vuestras obligaciones. Trabajaréis para nosotros, para el rey, para su respetable familia, para los magos, para los nobles y para los soldados. Nosotros os daremos lo bastante para que no os muráis de hambre.

PARADOX.—Eres magnánimo, gran señor. Te obedeceremos, trabajaremos con gusto por tu rey, por su señora madre, por su familia, por ti y por toda la demás tropa que honra este bello país de Uganga. Ahora, danos permiso para ir cuanto antes a la isla en donde nos prendieron, y traer lo que dejamos allí; si no, no podremos darte el ron, ni el oro, ni las telas bonitas.

FUNANGUÉ.—¿Todos tenéis que ir?

PARADOX.—Sí, todos.

FUNANGUÉ.—¿No podríais dejar una de las muchachas que os acompañan?

PARADOX.—Es imposible.

FUNANGUÉ.—Y ¿por qué tenéis que ir todos? Queréis escaparos.

PARADOX.—No, no lo creas.

FUNANGUÉ.—¿Lo juras por la Luna?

PARADOX.—Lo juro por la Luna, por el Sol y por todo el sistema planetario.

FUNANGUÉ.—A pesar de tu palabra, os irán vigilando.

PARADOX.—Está bien; no nos oponemos.

V

POR EL RÍO

Tres grandes canoas bajan por el río. Los remeros cantan el himno de guerra de Uganga, que tantas veces les ha llevado a la victoria y otras tantas a la derrota; y al compás del ruido de los remos y del ritmo de las canciones las canoas corren como flechas, dejando en la superficie oscura del agua una estela blanca, que va abriendo el remo del timonel. En las tres embarcaciones marcha a proa un hombre con un bichero para apartar los troncos de los árboles con que pueden tropezar en el camino. Las tres canoas van dirigidas por Langa-Rá, el jefe cuyo pecho está adornado con complicados tatuajes.

La parte del río por donde navegan es de dos millas de ancho y se extiende por la selva tupida y exuberante. Los prisioneros van en las canoas, vigilados, pero libres en sus movimientos. Todos contemplan el paisaje que se desarrolla ante su vista. El río parece de oro, y a medida que los afluentes desembocan en él se hace cada vez más turbio. En algunas islas formadas por la maleza, entre las lianas y la hojarasca verdosa, brotan grandes flores de blanca corola y orquídeas de vario color.

Los cocodrilos, inmóviles, duermen en el légamo de las orillas, entre los juncos y los cañaverales; a lo lejos se ven bosques espesos, de grandes árboles, con las ramas y los troncos entrelazados por lianas y plantas parásitas, y de las selvas impenetrables levantan el vuelo pájaros extraños de encendidos colores que cruzan despacio el cielo resplandeciente.

THADY BRAY.—*(A Beatriz.)* ¡Qué tristeza para usted, señorita!

BEATRIZ.—¡Oh, no!; ¡qué alegría! Desde que sé que puedo vivir, la vida me parece más hermosa que nunca.

THADY BRAY.—Usted, que estará acostumbrada a tantas comodidades.

BEATRIZ.—Crea usted que no las echo de menos.

THADY BRAY.—¿No?... ¿De veras?

BEATRIZ.—Lo puede usted creer.

THADY BRAY.—Es usted muy valiente.

BEATRIZ.—¿Usted cree que querrán hacernos daño estos salvajes?

THADY BRAY.—No; los dominaremos. El señor Paradox ha dicho que nos dejen vivir solamente, y dentro de unos meses seremos los amos.

BEATRIZ.—Sí, eso creo yo también; y entonces podremos marcharnos.

THADY BRAY.—¿Usted quisiera marcharse pronto de aquí?

BEATRIZ.—¡Ya lo creo!

THADY BRAY.—Yo me estaría aquí siempre, con tal que usted...

Beatriz se ruboriza y se calla. Van las embarcaciones impulsadas por la corriente. En la proa, un negro está con un bichero, atento a los grandes troncos que flotan en el agua. En las selvas de ambas orillas cantan los pájaros. Los antílopes se acercan a beber en el río, y pasan por entre los árboles algunas jirafas con una velocidad vertiginosa.

LA MÔME FROMAGE.—¿Qué son esos animalitos, señor Paradox?

PARADOX.—Son jirafas. El camelopardalix, jirafa de Linneo.

LA MÔME FROMAGE.—Y oiga usted, señor Paradox: ¿qué clase de animales son estas jirafas?

PARADOX.—¿Las jirafas? Son unos rumiantes que tienen el cuello muy largo y unos cuernos cónicos cubiertos por la piel pelosa de su cabeza.

LA MÔME FROMAGE.—¡Ah!, ¿tienen cuernos? Yo hubiera creído que eran como los camellos.

PARADOX.—No; los camellos no tienen la misma fórmula dentaria.

LA MÔME FROMAGE.—Y ¿cree usted que me harían daño esas jirafas?

PARADOX.—*(Mirando a la ex bailarina.)* ¿A usted? No. Creo que no.

THONELGEBEN.—*(A Dora.)* La aventura ha sido más larga de lo que nosotros nos figurábamos.

DORA.—Sí, ¡ya lo creo! Y lo que puede durar todavía.

THONELGEBEN.—Sería terrible y cómico que tuviéramos que vivir aquí siempre.

DORA.—¡Uf!, quite usted. Nos escaparemos.

THONELGEBEN.—No es tan fácil.

DORA.—Pero para hombres de talento, como ustedes, no hay nada difícil.

THONELGEBEN.—Si yo le dijera a usted que no

me costaría ningún trabajo vivir aquí, ¿usted qué diría?

DORA.—Diría que estaba usted loco.

THONELGEBEN.—Y es verdad; estoy loco por usted, y al lado de usted viviría en cualquier parte.

Al anochecer se acercan las tres canoas a la orilla, desembarcan y los mandingos preparan un campamento.

GOIZUETA.—*(A Paradox.)* ¿No les parece a ustedes? Yo creo que cuando lleguemos a la isla donde nos prendieron, lo que debemos hacer es coger nuestros fusiles y, a tiros, acabar con esta maldita raza.

HARDIBRÁS.—Eso es; estoy conforme.

PARADOX.—No, Goizueta; no, Hardibrás. Déjenme ustedes a mí dirigir este asunto. Creo que a las buenas conseguiremos más.

DIZ.—*(Por lo bajo.)* ¡Farsante!, siempre pensando en darse tono.

PARADOX.—Seamos amables con estos etíopes de ensortijada cabellera; esforcémonos en ganar sus simpatías, y cuando lleguemos a la isla, hagamos nuestros preparativos lo más lentamente posible y busquemos la manera de insinuarnos, demostrándoles a cada momento nuestra superioridad.

SIPSOM.—Creo, Paradox, que en los tres o cuatro días que vamos a estar en la isla será muy difícil conseguir el efecto que usted desea.

PARADOX.—Pero usted, amigo Sipsom, que es un aventajado discípulo de Maquiavelo, comprenderá que no es difícil lograr que en vez de ser tres o cuatro los días que estemos aquí sean veinte o treinta.

SIPSOM.—Y ¿cómo?

PARADOX.—Hay un procedimiento que me parece inocente como una cándida paloma.

SIPSOM.—¿Y es?

PARADOX.—Inutilizar una de las canoas, o todas. Por la noche, uno de nosotros las echa convenientemente a pique.

SIPSOM.—Si no las vigilan.

PARADOX.—No será fácil que las vigilen siempre.

SIPSOM.—Además, mandarán otras a nuestro encuentro.

PARADOX.—Por lo menos esperarán una o dos semanas. De todas maneras, si se piensa un procedimiento mejor, estamos a tiempo de emplearlo.

HARDIBRÁS.—Yo me encargo de echar a fondo estas cáscaras de nuez.

Hacen la comida los mandingos y encienden hogueras. Anochece; comienza a murmurar el viento en los árboles y en los matorrales; después el viento se calma; de las espesuras, de las florestas, no brota ni un murmullo; el silencio reina por todas partes, un silencio solemne, un silencio sonoro que se derrama por el campo sumiéndolo en un letargo profundo. La tierra parece que ha muerto, que no volverá a ser reanimada por el sol y que toda la enorme germinación de vidas que lleva en su seno se ha detenido. Después, a medida que la noche envuelve la selva en su manto negro y miles de puntos luminosos brillan y parpadean en el cielo, la esperanza renace; mil ruidos inciertos resuenan en la oscuridad: es el soplo del aire que suspira débilmente de rama en rama hasta perderse en el fondo de los bosques, es el aleteo de un pájaro nocturno, la caída de una hoja o la nota melancólica de un sapo en su flauta de cristal. A la medianoche, cuando todos duermen acurrucados junto al fuego, Ugú se acerca a Paradox.

UGÚ.—Señor.

PARADOX.—¿Qué hay?

UGÚ.—Vosotros queréis escaparos, ¿verdad?

PARADOX.—Sí, sí pudiéramos; ¡ya lo creo!

UGÚ.—Aquí, en esta parte del río, cerca del mar, hay una isla grande, hermosa, donde se puede vivir. ¿Queréis que intentemos huir cuando lleguemos a ella?

PARADOX.—No, nos cogerían en seguida. En tal caso, a la vuelta. Tendremos ya armas y nos podremos defender. Y esa isla, ¿es grande?

UGÚ.—Sí, muy grande, y tiene en la parte más alta un sitio adonde es difícil subir. En nuestro lenguaje se le llama la Isla Afortunada.

PARADOX.—Entonces, a la vuelta nos refugiaremos en ella. Ahora vamos a dormir.

A la mañana siguiente, cuando la pálida aurora, húmeda de rocío, comienza a sonreír en el campo, vuelven todos a las canoas; y al mediodía se comienza a ver el mar, que corta en línea recta el cielo. Se siente el olor acre de la marisma y se ven las primeras gaviotas que pasan por el aire chillando. El río, al acercarse a su desembocadura, se ha hecho oscuro, de color de barro, y su corriente es ya tan fuerte que los remeros tienen que contener la marcha vertiginosa con los remos. Las tres canoas van avanzando hasta entrar en un delta cerrado por dunas y tierras de aluvión. Está la marea baja, y la barra, formada por las dunas y por la arena impulsada por el mar contra la playa, constituye un obstáculo infranqueable. Se espera a la pleamar. A medida que las olas van avanzando, la duna se deshace; poco a poco cambia de lugar y se va borrando la línea de la barra hasta que desaparece por completo. Ya, en plena marea alta, pasan las canooas y atracan en el desembarcadero de la isla.

VI

DISCUSIONES TRASCENDENTALES

Han transcurrido dos semanas. Una de las canoas, por la torpeza de Ugú, el criado negro regalado por Funangué a Paradox, ha zozobrado, y para ponerla a flote ha habido que retrasar la vuelta. La carga de las balsas se ha hecho también con gran lentitud. A pesar de las precauciones del jefe, los náufragos se han armado con fusiles y revólveres y no han querido abandonarlos.

Todos los días los blancos se dedican a embrutecer a los negros, dándoles espectáculos extraordinarios y estupefacientes. Tan pronto es Sipsom, que echa chispas por los pelos, agarrado a una máquina eléctrica, como Piperazzini, que se traga un sable y saca de la boca una porción de cintas encendidas... Además de estos espectáculos mágicos, Ganereau, como republicano y como demócrata, idiotiza a los mandingos hablándoles de los derechos del hombre. A pesar de todos los aplazamientos y dilaciones, llega un día en que el jefe no quiere esperar más y se da la orden de marcha. Por la mañana, antes de partir, están reunidos blancos y negros en la desembocadura del río. Ganereau perora.

GANEREAU.—Pero yo os pregunto: ¿de qué sirve el rey? ¿Por qué no os gobernáis por vosotros mismos? Nada tan hermoso como una república. ¡Figuraos vosotros el placer que sentiríais si tuvierais diputados y senadores!

PARADOX.—Creo que no le entienden a usted, mi querido amigo.

GANEREAU.—*(Insistiendo.)* Sí, me entienden. Decidme: ¿de qué os sirve el rey? Os quita vuestra libertad, conculca vuestros derechos, os envilece.

SIPSOM.—¡Este hombre empeñado en figurarse que está en un mitin de Montruge o de Belleville!

THONELGEBEN.—*(Por su parte.)* No debéis permitir que el rey os maltrate. ¿Por qué consentís que os robe? ¿Por qué dejáis que venda vuestras mujeres y vuestros hijos?

GANEREAU.—*(Elocuentemente.)* Mirad alrededor vuestro, ciudadanos; los pájaros no tienen rey; las flores no tienen tampoco rey; y el sol alumbra la tierra para todos.

EL JEFE LANGA-RÁ.—Sois ignorantes y orgullosos. Negáis lo que todos afirman. Si el rey manda en nosotros es porque Dios le ha conferido ese poder. ¿Quiénes sois vosotros para negar la armonía de nuestras leyes? Vivimos por la voluntad de nuestro rey; estamos en el mundo porque nuestro rey lo quiere.

PARADOX.—Sin embargo, tú confesarás, apreciable salvaje, que nosotros hemos vivido hasta ahora sin necesidad de vuestro rey.

EL JEFE.—Pero tendréis otro; el vuestro.

GANEREAU.—No; no lo tenemos.

PARADOX.—Si yo no digo que no tengáis rey; pero ¿por qué no tenéis otro que sea justo, equitativo y bueno?

EL JEFE.—Es que él es el único indicado por Dios.

PARADOX.—Y ¿en qué se conoce que es él?

EL JEFE.—Primeramente, es hijo de su padre.

PARADOX.—Es una razón.

EL JEFE.—Además, todos los magos le reconocen como rey.

PARADOX.—Pero los magos no aciertan siempre.

EL JEFE.—Siempre, no; pero son magos.

PARADOX.—Yo creo que los magos que no aciertan no son magos verdaderos.

SIPSOM.—Mi querido Paradox, creo que se pierde usted en un laberinto filosófico-político-religioso. Déjeme usted que intente yo arengar a las masas.

PARADOX.—Sí, hágalo usted. A ver si tiene usted más fuerza de convencimiento que nosotros.

SIPSOM.—*(Dirigiéndose a los negros.)* ¿A vosotros os gustan las habichuelas?

TODOS.—¡Sí, sí!

SIPSOM.—¿Os gusta el buen tocino?

TODOS.—¡Sí, sí!

SIPSOM.—¿Os gusta el ron?

TODOS.—¡Sí, sí! ¡Ya lo creo!

SIPSOM.—¿Os gustan las chicas guapas, con la nariz bien chata y el pecho colgante?

TODOS.—¡Sí, sí! ¡Eso, eso!

SIPSOM.—Pues bien; si venís con nosotros tendréis habichuelas a pasto, tendréis buen tocino, tendréis ron y tendréis chicas guapas, más negras que el betún.

TODOS.—¡Iremos con vosotros!

SIPSOM.—Pues vamos ahora mismo.

EL JEFE.—¡Yo, no! Yo no obedezco más que a mi rey.

HARDIBRÁS.—Entonces quedas preso. Trae las manos. Te ataremos.

Entre Goizueta y él le atan. Entonan los mandingos su himno de guerra y se da la orden de partir. Las tres canoas y el bote de la *Cornucopia* comienzan a remolcar las dos balsas grandes, cargadas con todos los útiles extraídos de la goleta, y remontan el río hasta la Isla Afortunada, indicada por Ugú.

VII

LA ISLA AFORTUNADA

La Isla Afortunada está a diez millas del mar y a más de treinta de la ciudad de Bu-Tata. Es larga y estrecha; mide unos dos kilómetros de largo. Una parte, la más ancha, tiene una inclinación suave y está poblada de árboles, de bananeros y de plantas de café; la otra parte es una meseta rocosa y alta, unida al resto de la isla por una estrecha lengua de tierra. Esta meseta es como una pequeña península, y está formada por grandes bloques prismáticos, imposibles de escalar. Al llegar los expedicionarios a la isla dejan las balsas y las canoas atadas a un tronco de árbol, desembarcan y suben hasta la meseta.

PARADOX.—Aquí arriba debemos acampar, según indicación de Ugú. ¿Qué les parece a ustedes?

THONELGEBEN.—Me parece muy bien. Esta meseta es plana; tiene más de sesenta pies de altura, y, por el lado del Mediodía, es completamente inexpugnable.

SIPSOM.—La cuestión sería atrincherarla, por si acaso fuéramos atacados.

THONELGEBEN.—Eso es fácil. La meseta se halla unida a la isla por esta especie de espina dorsal, que aquí, en el punto más ancho, tendrá unos cuarenta pasos.

SIPSOM.—¿De manera que a usted el sitio le parece bueno?

THONELGEBEN.—Me parece excelente.

SIPSOM.—Entonces comenzaremos a descargar las balsas y a subir hasta aquí el cargamento. El camino es demasiado largo.

PARADOX.—Pero no hay necesidad de recorrerlo. Ponemos un palo con su polea y podemos subir todo con gran rapidez.

SIPSOM.—Es verdad.

GOIZUETA.—¿Se permite hacer una observación?

PARADOX.—Claro que sí.

GOIZUETA.—Yo encuentro un grave inconveniente a este punto para el caso de que fuéramos sitiados.

SIPSOM.—¿Cuál?

GOIZUETA.—Que no tenemos agua.

SIPSOM.—¿Y el río? Con una cuerda y un cubo podemos sacar la que queramos.

GOIZUETA.—Soy un animal. Cierto; no había caído en ello.

Plantan un palo con una polea en la parte de la isla que se halla cortada a pico, como un muro, y van subiendo con cuerdas todos los objetos desde las balsas, con gran rapidez. Paradox dirige estos trabajos, mientras Thonelgeben y Sipsom estudian la forma de fortificar la meseta.

SIPSOM.—Estos árboles ¿no serán útiles?

THONELGEBEN.—Sí; ¡ya lo creo! Son hermosos ejemplares de callistris, que nos darán una madera excelente.

SIPSOM.—Pero esos otros tienen bellotas.

THONELGEBEN.—Como que son encinas iguales a las de Europa.

SIPSOM.—¡Sabe usted que esta pequeña meseta es una gran posición estratégica!

THONELGEBEN.—Con unos días que nos dejen fortificarla la haremos inexpugnable. La cuestión es que los de Bu-Tata no nos descubran en seguida.

SIPSOM.—No es fácil.

THONELGEBEN.—No, pero es posible.

SIPSOM. — Aquí hay sitio para una ciudad. ¿Cuánto medirá esta meseta?

THONELGEBEN.—Unos quinientos pasos de Este a Oeste, y doscientos de Norte a Sur.

Al mediodía se interrumpe el trabajo y comen juntos blancos y negros. Se sigue por la tarde descargando las balsas e izando todos los objetos por medio de la polea. De noche se prepara el campamento. Los mandigos se hallan intranquilos y hablan entre sí. Algunos quizá comienzan a arrepentirse de su decisión.

SIPSOM.—Paradox, hábleles usted. Dígales usted que se tranquilicen.

PARADOX.—No os asustéis; no vendrán los de Bu-Tata porque nada pueden contra nosotros; pero aunque vinieran, sólo con este aparato *(y señala la ametralladora sacada de la "Cornucopia")* les haríamos retroceder.

SIPSOM.—Que vengan o que no vengan, no penséis en huir porque os fusilamos sin piedad.

Los negros hacen protestas de su adhesión. Por si acaso, se dsipone que sólo los europeos hagan guardia y se releven de tiempo en tiempo.

VIII

FORTUNATE-HOUSE

Al amanecer.

SIPSOM.—¿Vamos bien, señor Paradox?

PARADOX.—Muy bien, señor Sipsom, ¿y usted?

SIPSOM.—Con un apetito excelente. Ahora me comería un kilo de rosbif sangriento y una libra de queso.

PARADOX.—Yo, el queso, sí; la carne sangrienta, no.

SIPSOM.—¿Es usted vegetariano?

PARADOX.—Sí; casi vegetariano.

SIPSOM.—Entonces no hará usted nada en el mundo. Y ¿nuestro ingeniero, sigue durmiendo todavía?

PARADOX.—Estará velando el sueño de su amada.

THONELGEBEN.—Buenos días, señores.

SIPSOM.—¡Hola! Estábamos hablando de usted. Qué, ¿ha pensado usted la forma de atrincherar el campamento?

THONELGEBEN.—Sí. Comenzamos por hacer una

trinchera vulgar; después, si nos dan tiempo, excavaremos detrás un foso; luego, más atrás aún, construiremos una muralla.

SIPSOM.—Usted dirá lo que hay que hacer.

THONELGEBEN.—Es muy sencillo. Todos los que puedan que se dediquen a cortar árboles. Luego de cortados, los tenderemos en el suelo, sujetándolos con ramas, y el hueco lo llenaremos de barro y piedras, apisonándolo, para dar consistencia a la obra.

PARADOX.—Y ¿hasta qué altura quiere usted que lleguemos?

THONELGEBBEN.—Si se puede, hasta unos tres metros. Si terminamos la obra sin que nos hayan atacado, entonces haremos un foso de veinte pies de ancho, y después, echando toda la tierra del foso hacia dentro, comenzaremos a construir la muralla.

SIPSOM.—¿Una muralla grande?

THONELGEBEN.—De seis o siete metros de alto; la pondremos en ángulo, y encima de la muralla colocaremos una torrecilla blindada para montar la ametralladora.

PARADOX.—¿Y después?

THONELGEBEN.—Después haremos la casa; una casa sólida y fuerte.

PARADOX.—Y ¿para qué construir casa? ¿No sería mejor vivir así, en una choza?

SIPSOM.—Pero, mi querido Paradox, cuando usted quiera puede usted venirse a pasar una temporada en su cabaña.

PARADOX.—Así degenera la humanidad, viviendo en habitaciones cerradas.

SIPSOM.—Ríase usted de eso.. No hay nada más malsano que el aire libre.

PARADOX.—¿De manera que se rechaza mi proyecto de vivir al aire libre?

SIPSOM.—Rechazado por completo, en nombre de los reumáticos.

PARADOX.—Entonces pongo una condición.

SIPSOM.—¿Cuál?

PARADOX.—Que, al menos, la casa no tenga huecos ni balcones simétricos.

SIPSOM.—Y ¿por qué ese capricho?

PARADOX.—Odio la simetría.

THONELGEBEN.—Pero la simetría es el ritmo de la arquitectura.

PARADOX.—Entonces odio el ritmo y la línea recta. Yo quisiera que hiciéramos una casa con un dermato-esqueleto, como una tortuga hace su caparazón.

SIPSOM.—Este hombre es de un gusto difícil.

THONELGEBEN.—Tiene unas ideas sobre la arquitectura verdaderamente terribles. Pero, en fin, ya veremos de complacerle.

SIPSOM.—Ya veremos lo que se le concede a usted.

THONELGEBEN.—Si se puede hacer, todo es variar el plano que he trazado.

PARADOX.—¡Ah!, entonces, no. Si lo tiene usted en el plano no digo nada, retiro mi proposición. Bueno, señores, vamos a trabajar. Hay que demostrar que somos leñadores consumados.

SIPSOM.—Necesitaremos agua para amasar el barro. Habrá que tener un hombre sacando cubos del río.

PARADOX.—Ugú me ha enseñado aquí cerca una pequeña laguna de agua de lluvia. Mientras estemos libres de sitiadores podemos ir por agua a ese sitio. Es una laguna que parece artificial.

THONELGEBEN.—Quizá lo sea. Lo digo porque se ven por aquí vestigios de antiguas plantaciones. ¿Ha sido esta isla poblada antes, Ugú?

UGÚ.—Sí. Hubo aquí un pueblo que lo aniquilaron los de Bu-Tata. Quedan todavía plantas de banana, palmitos y estas hierbas largas, que sirven para hacer vestidos.

SIPSOM.—Lo aprovecharemos todo.

PARADOX.—Naturalmente.

SIPSOM.—Hay que convenir que nuestra isla es una isla afortunada.

PARADOX.—Mejor dicho, que somos nosotros los afortunados.

SIPSOM.—Como usted quiera. Por cuestiones de Gramática no disputaremos. Yo la desprecio.

PARADOX.—Y yo también, con toda mi alma.

Terminan la trinchera en cuatro días y comienzan a excavar el foso. Concluído éste en dos semanas, empiezan a construir la muralla. A medida que la van elevando, va naciendo en los mandingos la tranquilidad; al terminarla, los negros quedan convencidos de que sus paisanos no podrán nunca asaltarla. En la muralla se ha abierto una serie de aspilleras y en el ángulo se ha construído una torrecilla blindada, en la cual se coloca la ametralladora de manera que sus tiros barran todo el frente.

Terminadas las obras de defensa, los mandingos construyen cabañas cubiertas de hierbas secas y los europeos comienzan los trabajos para la casa común, que se llamará Fortunate-House. Al mismo tiempo los negros fabrican anzuelos, agujas, puntas de flecha y se dedican a la caza y a la pesca. Se hace un puente levadizo en la muralla, que un centinela vigila y que se levanta por la noche, en el momento de recogerse todos. En el diario de Paradox aparece una lista de los náufragos con expresión de los oficios que desempeñan en el nuevo Estado. Dice así:

Thonelgeben, arquitecto y fundidor.

Diz, Goizueta, Hachi Omar y Thady Bray, albañiles.

Hardibrás, general.

Sipsom, herrero.

Paradox y Ganereau, carpinteros.

Beatriz y Dora, vidrieras y fabricantes de cartuchos.

Piperazzini, hojalatero.

Beppo, cocinero y sastre.

Los treinta mandingos, divididos en tres brigadas, trabajan a las órdenes de los europeos y hacen el ejercicio con sus fusiles, dirigidos por Hardibrás.

IX

EL ATAQUE

La casa está ya a medio concluir. En ella hay departamentos para todos. Se está trabajando en un tejar. Es al amanecer. Paradox sale de Fortunate-House, hablando a su perro, que ladra delante de unas matas.

PARADOX.—Pero, vamos a ver, ¿Qué pasa, señor Yock?

YOCK.—¡Guau! ¡Guau! Parece mentira que no comprendas que aquí hay algo.

PARADOX.—Anda, vamos, no seas estúpido, que tengo prisa.

YOCK.—¡Guau! ¡Guau! No te vayas, hombre; no te vayas.

PARADOX.—Bueno, pues quédate ahí.

Paradoxx se dispone a bajar la cuesta, pero Yock sigue ladrando con furia.

SIPSOM.—*(Desde la muralla.)* ¿Qué le pasa a ese perro?

PARADOX.—Nada, manías que se le ponen en la cabeza; ¡como es ya viejo!

YOCK.—Sí, ¡buenas manías! Es que sois tontos.

SIPSOM.—Quizá haya por ahí algún bicho. Le voy a soltar a Dan a ver qué hace.

Sipsom suelta el perro danés, que se pone también a ladrar con furia al lado de Yock.

PARADOX.—Debe de haber algo ahí.

SIPSOM.—Indudablemente. Vamos a verlo.

Entran los dos por la maleza y van dando garrotazos a los arbustos. De pronto sale un negro por entre unas matas y echa a correr. Dan y Yock le siguen. El hombre llega al extremo de la meseta, y no atreviéndose a tirarse al río, corre a la parte baja de la isla, seguido por los perros. Luego, acosado, se decide y se zambulle en el agua desde una gran altura.

SIPSOM.—Bajemos al río a cogerle.

PARADOX.—Y ¿para qué?

SIPSOM.—Porque si no va a indicar dónde estamos a los de Bu-Tata.

Paradox y Sipsom bajan hasta el desembarcadero de la isla, toman el bote y recorren el río, pero el hombre no aparece.

SIPSOM.—Es una contingencia desagradable. Antes de pocos días tenemos aquí a los de Bu-Tata.

PARADOX.—¿Cree usted?...

SIPSOM.—Seguramente. Ese era un espía. Hay que prepararse.

PARADOX.—Pero ¿usted supone que nos atacarán?

SIPSOM.—Claro que sí.

PARADOX.—Con unos cuantos tiros les ahuyentaremos.

SIPSOM.—No se haga usted ilusiones. Saben que

somos pocos y apretarán de firme; tenemos que estar prevenidos.

Vuelven a Fortunate-House y cuentan lo que ha pasado. Llaman a Ugú.

SIPSOM.—Es muy probable que, dentro de unos días, los de Bu-Tata nos ataquen. Adviérteles a tus compañeros y diles que estén tranquilos.

Beatriz y Dora, por indicación de Hardibrás, cosen un trapo grande, de distintos colores, que sirve de bandera y se enarbola sobre la torrecilla de la fotaleza a los acordes de una marcha que toca Thady Bray en el acordeón.

HARDIBRÁS.—*(A los negros.)* Con esta bandera podéis estar seguros que nuestros enemigos no asaltarán la fortaleza.

Los mandingos contemplan el trapo de colores con verdadero respeto, pensando que a lo mejor puede estallar. Después de este acto solemne de izar la bandera se toman precauciones más prácticas, se revisan las armas, se fabrican cartuchos. Las tres canoas y el bote se guardan en un sitio escondido de la orilla del río. Durante la noche dos centinelas pasean continuamente por la muralla. Una semana después, un día, al amanecer, se ve una multitud de negros, que han acampado en la isla; luego, a cada instante, van llegando canoas llenas de gente.
Ya entrada la mañana van subiendo los indígenas la cuesta de la isla hasta que, al llegar a unos doscientos metros de Fortunate-House, se detienen.

PARADOX.—No nos atacarán, ya lo verán ustedes.

SIPSOM.—No sea usted niño; dentro de un momento se han lanzado sobre nosotros.

PARADOX.—Al menos, no dispararemos mientras ellos no nos ataquen.

HARDIBRÁS.—Déjeme usted a mí. Yo soy el jefe

militar. Usted, con sus miramientos, nos puede comprometer a todos.

Hardibrás va colocando a cada uno de los tiradores detrás de su aspillera. Thonelgeben sube la torrecilla blindada, en donde han colocado la ametralladora. De pronto, uno de los salvajes, un jefe lleno de adornos pintados en el pecho, se adelanta y dispara una flecha, y a esta señal todos los demás se lanzan corriendo y escalan la primera trinchera.

HARDIBRÁS.—*(Levantando el brazo de madera con su gancho correspondiente.)* No apresurarse. Esperad. Ahora. ¡Fuego!

Se oye una descarga cerrada; caen algunos de los indígenas; los que vienen detrás retroceden un instante, pero vuelven al poco rato lanzando una nube de flechas.

HARDIBRÁS.—¡Apuntad bien! ¡Que no se pierda un tiro!... ¡Fuego!

Suena una nueva descarga.

PARADOX.—Es un disparate lo que estamos haciendo.

SIPSOM.—Pero ¿no ve usted lo que si no nuestra gente podía sublevarse?

PARADOX.—Sin embargo...

HARDIBRÁS.—Calle usted; soy capaz, si no, de fusilarlo.

Vacilan los de Uganga en lanzarse definitivamente al asalto. Los jefes se consultan entre sí. La fortaleza está muda. Luego se deciden, y más de trescientos hombres saltan la trinchera, atraviesan el foso y comienzan a escalar la muralla. Entonces las descargas cerradas se suceden sin intervalo.

HARDIBRÁS.—*(Gritando.)* ¡Fuego! ¡Fuego!

SIPSOM.—Pero ¡esa ametralladora!

THONELGEBEN.—Es que no funciona.

Paradox corre por encima de la muralla, en medio de las flechas, entra en la torre blindada, y el ingeniero y él se dedican a limpiar los cañones de la ametralladora y a ponerla en marcha.

De pronto, cuando más recio es el combate, la ametralladora comienza a disparar por sus cañones una nube de fuego. La mayoría de los salvajes retrocede; dos han llegado a la parte alta de la muralla. Sipsom y Hardibrás, al verlos, se dirigen a ellos. Uno de los mandingos les amenaza levantando su cortacabezas, y el inglés le hunde la bayoneta en el vientre. El otro se rinde y queda prisionero. Al anochecer, todos los asaltantes se retiran al extremo de la isla.

HARDIBRÁS.—Mañana nos volverán a atacar... Afortunadamente, les daremos otra buena lección.

SIPSOM.—Yo creo que no. Es muy probable que, cuando se haga completamente de noche, se vayan retirando.

PARADOX.—Lo podremos ver. Tenemos un reflector eléctrico, y lanzaremos el cono de luz hacia donde han acampado.

Efectivamente, poco después, en la oscuridad de la noche, Paradox prepara el reflector en lo alto de la muralla. Tras de muchos ensayos infructuosos consigue hacer funcionar el aparato, y el cono de luz va iluminando el río, los árboles de la isla, hasta que se detiene, inundando con la claridad de sus ráfagas el campamento de los mandingos. En este mismo instante se oye un gran grito de terror y se ve a todos los salvajes que se lanzan a sus canoas y huyen precipitadamente por el río arriba.

PARADOX.—¿Qué les habrá pasado?

SIPSOM.—Que les ha asustado usted con su reflector. Esto les ha hecho más efecto que la ametralladora. No queda nadie; podemos ya salir.

PARADOX.—Recogeremos los heridos.

Tienden el puente levadizo y salen todos. Van recogiendo los heridos en parihuelas y llevándolos a Fortunate-House. Beatriz y Dora los curan.

PARADOX.—Y de los muertos, ¿qué hacemos?

SIPSOM.—Los echaremos al río.

PARADOX.—¿No cree usted que olerán?

SIPSOM.—No; se los comerán pronto los peces.

DIZ.—¡Ésta es la guerra! Esos imbéciles querían dominarnos a nosotros, cuando por estar aquí no les hacíamos ningún daño.

SIPSOM.—Podríamos estar contentos si todas las luchas concluyeran dando la razón al que la tiene, como aquí.

PARADOX.—Y ¿cree usted que la tenemos?

SIPSOM.—Vamos, no diga usted tonterías, mi querido amigo. Además, tengamos o no tengamos razón, yo creo que la guerra es una cosa buena.

PARADOX.—Buena para los fabricantes de fusiles, que se arruinarían si no la hubiera.

SIPSOM.—Y para nosotros también. La guerra es un tónico para los nervios debilitados de las razas sedentarias. Es el aprendizaje más fuerte para hacerse hombre de voluntad.

PARADOX.—No le creía a usted tan militarista.

SIPSOM.—No lo soy. Yo odio al militar de oficio y amo la guerra.

Entran todos en Fortunate-House. Hardibrás pasea por la muralla. Los demás están sin acostarse, por si se renueva el ataque. Al alba, salen al campo. No hay nadie en la isla. Va amaneciendo. El aire está puro y embalsamado; las hierbas, granizadas de flores. El sol comienza a brillar, la pradera ríe...

PARADOX.—Yo no comprendo la maldad, el odio, la guerra, ante un sol como éste.

SIPSOM.—Es que es usted un poeta, un pobre hombre, Paradox. Mire usted a nuestro general haciendo ondear la gloriosa bandera.

Hardibrás ha izado la bandera en medio de las aclamaciones de todos, Los mandingos ya se consideran invencibles. Al prisionero se le viste con una túnica blanca y se le envía a Bu-Tata.

X

EL GRAN PROYECTO

Ya conjurado el peligro, en Fortunate-House se trabaja con tranquilidad.

Las mujeres de los mandingos han ido a refugiarse dentro de la muralla, y la confianza es tal que, aun fuera de ella, se van haciendo chozas, habitadas por negros que escapan de Bu-Tata.

Por la noche se dan funciones de linterna mágica en una barraca, y entre Diz de la Iglesia y Paradox han publicado el primer número del *Fortunate-House Herald*, número interesantísimo, en donde viene un artículo de Diz acerca de la flora de la isla; otro de Thonelgeben sobre el porvenir de la colonia, y una lacónica narración de la guerra, por J. Sipsom.

Una mañana, al asomarse a la muralla, ven a tres hombres, que se acercan despacio.

Los tres llevan ramas verdes en la mano y las agitan en el aire. De cuando en cuando se arrodillan.

PARADOX.—¿Quiénes serán estos hombres?

UGÚ.—Vienen a pedirnos protección.

PARADOX.—Diles entonces que se acerquen.

Ugú va con el recado, y se presenta delante de la muralla Funangué, el primer ministro, con dos negros, que le acompañan.

GOIZUETA.—¿A qué viene este granuja aquí? ¿Quieres todavía ron?

FUNANGUÉ.—Los puhls han saqueado Bu-Tata. Reunidos con algunos moros, han rodeado el pueblo durante la noche, y, de repente, han comenzado a dar gritos, más terribles que los rugidos del león. Luego han disparado tiros. Todos los hombres han huído, y los moros y los puhls se han llevado mujeres, chicos y rebaños.. Por eso os pedimos protección.

SIPSOM.—¿Cómo vamos a fiarnos de vosotros? Antes quisisteis matarnos; luego, vinisteis aquí a atacarnos en nuestra fortaleza.

FUNANGUÉ.—Os pedimos perdón. Venid ahora a Bu-Tata para enseñarnos a rechazar a los puhls.

SIPSOM.—Y ¿si vamos allí y queréis matarnos?

FUNANGUÉ.—Os daremos rehenes.

SIPSOM.—¿Qué rehenes vais a dar?

FUNANGUÉ.—Os dejaremos nuestras mujeres y nuestros hijos.

SIPSOM.—¿Qué os importa a vosotros vuestras mujeres y vuestros hijos, si los vendéis como si fueran carneros?

FUNANGUÉ.—¿Qué necesitáis entonces para vuestra seguridad?

SIPSOM.—Si vienen el rey y Bagú aquí, iremos a Bu-Tata.

FUNANGUÉ.—No vendrán.

SIPSOM.—No iremos nosotros tampoco.

FUNANGUÉ.—¿Qué pensáis hacer con ellos?

SIPSOM.—Nada. Ellos nos darán la seguridad de que vosotros respetaréis a los que vayan a Bu-Tata.

FUNANGUÉ.—¿No pensáis hacerles ningún daño?

SIPSOM.—No; porque vosotros os podíais vengar.

FUNANGUÉ.—Entonces esperad un instante. Los dos aguardan en la canoa. Si me dais la seguridad de que no les pasará nada, ellos desembarcarán; mientras tanto, uno de vosotros, el que sepa hacer estas fortalezas, que venga conmigo al pueblo.

Acceden; desembarcan el rey y su mago, y, en la misma canoa, entran Thonelgeben y Paradox y van subiendo el río, hasta Bu-Tata.

Llegan los dos a la ciudad al día siguiente, navegando durante toda la noche; ven el punto por donde han asaltado los puhls y los moros, e inmediatamonte se preparan para la vuelta. Durante la travesía hablan.

PARADOX.—¿Y qué? ¿Encuentra usted algún procedimiento para defender la ciudad?

THONELGEBEN.—No. No se me ocurre nada. Me parece muy difícil fortificarla.

PARADOX.—Yo he pensado una cosa, que quizá le parezca a usted absurda.

THONELGEBEN.—¿Cuál es?

PARADOX.—Yo, señor Thonelgeben, tengo alguna fama de chiflado, y quizá le hayan dicho...

THONELGEBEN.—Yo no hago caso de lo que me cuentan.

PARADOX.—*(Sacando un papel del bolsillo.)* Se

habrá usted fijado en que el río traza una curva, formando una C.

THONELGEBEN.—Sí, en un recorrido de unos treinta kilómetros.

PARADOX.—Entre los dos brazos de la C se encuentra el pueblo, y en un extremo de ambas ramas de la C hay un valle frondoso, que recorre un riachuelo en su parte más honda. ¿Cómo se ha podido formar este riachuelo?

THONELGEBEN.—Yo creo que este riachuelo fué el cauce anterior del río, que iba en línea recta, y que por un levantamiento de terreno, por una acumulación de tierras de aluvión, la corriente de aguas se desvió y fué buscando los sitios más bajos, hasta formar el nuevo cauce y dar la vuelta que ahora da.

PARADOX.—Eso mismo he pensado yo. Este valle, comprendido entre las dos ramas de la C, el antiguo cauce del río, según usted supone, es el camino de los moros y de los puhls. Ni unos ni otros, según dice Funangué, se aventuran a pasar los ríos; los moros, porque son poco aficionados a las vías acuáticas, y los puhls porque su dios les prohibe atravesar el agua.

THONELGEBEN.—Todavía no comprendo adónde va usted a parar.

PARADOX.—Además, este riachuelo que cruza el valle se inunda en la estación de las lluvias y forma un pantano que, hasta desecarse, es un semillero de fiebres palúdicas, algunas terribles, que en diez o doce horas producen la muerte.

THONELGEBEN.—Pero bien; todo eso ¿qué relación tiene con la defensa de Bu-Tata?

PARADOX.—Nosotros no podemos contener a los moros ni a los puhls con murallas, porque, probablemente, las asaltarían.

THONELGEBEN.—¡Claro!

PARADOX.—Pero podemos contenerlos por el agua.

THNOELGEBEN.—Y ¿cómo?

PARADOX.—Podíamos romper el contrafuerte que impide al río seguir por su antiguo cauce y abrirle un boquete, por el cual caería una catarata que llenaría el valle, trasformándolo en un lago. De esta manera el terreno que ocupa la ciudad quedaría convertido en una isla.

THONELGEBEN.—¡Qué disparate!

PARADOX.—*(Con ansiedad.)* ¿Le parece a usted imposible?

THONELGEBEN.—No; imposible quizá no es. Habría que estudiarlo.

PARADOX.—¡Si tuviéramos dinamita!

THONELGEBEN.—La dinamita se hace.

PARADOX.—¿A usted le parece fácil?

THONELGEBEN.—Facilísimo.

PARADOX.—Pero ¿la podrá usted hacer aquí?

THONELGEBEN.—Sí.

PARADOX.—¿Tiene usted ácido nítrico?

THONELGEBEN.—Lo haré.

PARADOX.—¿Y la glicerina?

THONELGEBEN.—Eso se extrae fácilmente. Se necesita también ácido sulfúrico y carbonato de sosa. Este último nos lo da la Naturaleza hecho. Lo hay en nuestra misma isla.

PARADOX.—Entonces no hay más que lanzar un ¡hurra! de entusiasmo.

THONELGEBEN.—No, todavía no.

PARADOX.—Eso está hecho. ¡Hurra! ¡Hurra!

Grita, con admiración de los salvajes. Al llegar a Fortunate-House, dos días después de la salida, desembarcan. El rey y Bagú entran en su canoa, y Paradox y Thonelgeben suben a la casa.

SIPSOM.—Y ¿qué van ustedes a hacer? ¿Han encontrado algún procedimiento para fortificar Bu-Tata?

PARADOX.—Vamos a desviar el curso del río. Vamos a convertir un valle en un lago.

DIZ.—Eso no se puede hacer.

PARADOX.—¿Por qué?

DIZ.—Porque no.

PARADOX.—Esa no es una razón.

DIZ.—Pero es una verdad.

PARADOX.—Me recuerda eso una disputa que tuvo ni malogrado maestro Mr. Macbeth con un francés. Le decía Macbeth que los cangrejos estaban rojos solamente después de cocidos. El francés, que era un terco, no se convenció y le llevó a Mr. Macbeth a un escaparate, en donde había una pecera con peces rojos. "Y ¿estos peces rojos... —le preguntó con sorna— están también cocidos?" "No; éstos ya se ve que están vivos", contestó Macbeth. "Y los cangrejos, ¿no suelen estar vivos?", preguntó el hombre. Y añadió: "Ya veo que todos los vendedores ambulantes son unos farsantes."

DIZ.—No comprendo qué consecuencia quiere usted sacar de eso.

PARADOX.—La consecuencia es que cuando se quiere tener razón a todo trance, se tiene siempre.

DIZ.—Para convencer a ese hombre de su cuento de usted basta enseñarle un cangrejo vivo.

PARADOX.—Usted se convencerá también cuando vea formado el lago.

DIZ.—Es que no lo veré; tengo la seguridad de ello.

PARADOX.—¿Lo conceptúa usted imposible?

DIZ.—De todo punto.

PARADOX.—En mi diccionario, señor Diz, no existe la palabra "imposible".

XI

EL MOMENTO SOLEMNE

Durante algunos meses, una porción de trabajadores negros, dirigidos por Sipsom y por Paradox, han abierto dos galerías profundas en el lugar que cierra el antiguo cauce del río. Cerca, Thonelgeben ha construído sus hornos para hacer los componentes de la nitroglicerina.

Un día, en las galerías, ya profundamente socavadas, se han ido poniendo grandes tinajas llenas de la líquida sustancia explosiva hasta los bordes.

En cada tinaja se ha colocado, flotando, una calabaza repleta de pólvora, con una mecha azufrada larga de varios metros, los bastantes para que tarde dos horas en quemarse y hacer estallar el explosivo.

El día de la prueba la ciudad entera cruza el río, y las seis mil personas del pueblo huyen en todas direcciones.

En el momento solemne, Paradox y Thonelgeben se internan cada uno en su galería y encienden las mechas. Salen luego precipitadamente. Goizueta y Thady Bray les esperan en una canoa.

Entran en ella, y se alejan a impulso de los remos y de la corriente.

Thonelgeben mira su reloj con impaciencia.

Pasa el tiempo. Luego se oye un rumor largo, sordo y continuado.

XII

ELOGIO METAFÍSICO DE LA DESTRUCCIÓN

Un cíclope, atraído por el estruendo, asoma su cabeza gigantesca por encima de las montañas y mira con sorpresa el valle convertido en lago, con el único ojo, terrible y amenazador, que tiene en su frente.

EL CÍCLOPE.—Destruir es cambiar; nada más. En la destrucción está la necesidad de la creación. En la destrucción está el pensamiento de lo que anhela llegar a ser.

Destruir es cambiar; destruir es transformar.

En el mundo en que nada se aniquila, en el mundo en que nada se crea, en el mundo físico, en el mundo moral, en el mundo en que la nada no existe...

Destruir es cambiar; destruir es transformar.

En el volcán que se levanta en medio del océano, en la isla que se hunde en el mar, en la ola que se evapora, en la nube que se condensa en la lluvia...

Destruir es cambiar; destruir es transformar.

En la tierra que se rompe con el arado, en el mineral que se funde en el horno, en el cuerpo que se volatiliza, en el prejuicio que desaparece...

Destruir es cambiar; destruir es transformar.

Pálidas imágenes del pensar humano, brutales explosiones de la materia inerte: sois igualmente destructoras, sois igualmente creadoras.

Destruir es cambiar. No, algo más. Destruir es crear.

XIII

EL LAGO THONELGEBEN

Al siguiente día el pueblo lanza una exclamación de asombro. Ha desaparecido el valle y se ha formado en su lugar un lago. Es un lago que tiene veinticinco kilómetros de largo por quince de ancho, en su fondo se refleja el azul del cielo; cerca de las orillas, el agua transparente está sombreada por los espesos bosques y las tupidas frondas. Dos islas, pobladas de gigantes árboles rectos, derechos, brotan de en medio del agua, produciendo un efecto mágico como el de los paisajes de los sueños.

Paradox, Thonelgeben, Diz, Sipsom, Beatriz y Dora cruzan el lago en una lancha.

PARADOX.—Parece que no navegamos sobre el agua, ¿verdad?

THONELGEBEN.—Es irreal y admirable esto como un paisaje de Bocklin.

PARADOX.—O como un fondo de Patinir.

SIPSOM.—Yo lo encuentro todo muy real, señores. En esa poética isla me gustaría almorzar ahora mismo, servido por un buen cocinero.

THONELGEBEN.—*(Riendo.)* ¡Oh! Naturaleza antipoética.

SIPSOM.—¿Por qué el apetito ha de ser más antipoético que la dispepsia? ¿Me quiere usted explicar eso, querido ingeniero?

PARADOX.—No le conteste usted, Thonelgeben. Un hombre que no cree ni en la poesía de la dispepsia está juzgado.

SIPSOM.—¡Me acusan de disolvente! ¡A mí! ¿Y quién? Un hombre como Paradox, que es la melinita de las ideas respetables.

PARADOX.—Así se escribe la historia, señores.

SIPSOM.—Pero silencio. Entramos en el departamento de lo sublime.

Al acercarse a la isla todos quedan silenciosos. En la zona de sombra que proyectan los grandes árboles se ve hasta el fondo del lago, y en él rocas blancas que parecen las casas de una ciudad sumergida.

PARADOX.—*(A Diz.)* Creo que ahora se habrá usted convencido, amigo Diz.

DIZ.—*(Confuso.)* Ante la evidencia...

PARADOX.—Pero ¿siente usted haberse equivocado?

DIZ.—No, Paradox, de ninguna manera; celebro haberme engañado, lo celebro con todo mi corazón.

PARADOX.—Creo que nunca podremos exclamar mejor que ahora, como en nuestros buenos tiempos: ¡Amigo, dijo Dinarzada, qué cuento más maravilloso!

DIZ.—Es verdad; esto es un cuento extraodinario.

SIPSOM.—Y ¿cómo llamaremos a este lago?

PARADOX.—Le llamaremos el lago Thonelgeben.

SIPSOM.—¡Hip! ¡Hip! ¡Hurra!

TODOS.—¡Hurra!

THONELGEBEN.—Si no hay voto en contra, pediría que a esta primera isla se le llamara la isla Dora.

TODOS.—Aceptado.

DORA.—Entonces a la otra le llamaremos isla Beatriz.

TODOS.—Muy bien.

PARADOX.—Vamos ahora hacia la catarata.

Se van acercando. Desde una altura de treinta metros cae gran parte del río en una terrible catarata de más de diez metros de anchura.

DIZ.—Hay que darle nombre a este torbellino.

PARADOX. — Le llamaremos el torbellino de Sipsom.

Siguen dando nombres a todas las entradas y salidas del lago. En la desembocadura del antiguo arroyo se ha formado un dique con los árboles arrancados del suelo, y el agua salta por encima del dique. El río se ha estrechado. En el pueblo, con el estremecimiento de la explosión, las chozas se han caído, y piedras inmensas han cambiado de lugar.

XIV

LOS BUENOS Y LOS MALOS

BAGÚ.—¿Cómo se atreven esos extranjeros a cambiar las leyes del mundo? ¿Quién les autoriza para trastornar el curso sagrado de los ríos? Cambiar, cambiar, ¡qué horror! Audaces y rebeldes estos blancos, quieren saber más que los magos, que lo sabemos todo por inspiración divina.

Y el pueblo les sigue, el pueblo les cree; en cambio, empiezan a dudar los hombres de nuestros amuletos y de nuestras bolas de estiércol. Hay que imponerles la creencia por la fuerza, hay que hacerles creer de nuevo; si no, ¿qué sería de los magos?

LAS SERPIENTES.—¿Qué es esta avalancha que destruye nuestros nidos? ¿Quién ha desencadenado esta terrible inundación? Son esos extranjeros, son ellos los audaces. ¡Sssss! ¡Silbemos! Alarguemos nuestra lengua bífida! ¡Hagamos sonar los cascabeles de nuestras colas! ¡Descarguemos en la carne de los hombres toda la ponzoña de nuestros huecos dientes!

EL PEZ.—Antes, en los rápidos del río, tenía que luchar con desesperación contra la corriente; ahora, en esta inmensidad insondable, hallo lugar para correr a mi capricho, para hundirme en los abismos de agua transparente y salir a la superficie a juguetear enre las ondas. Generosos extranjeros, yo os doy las gracias.

EL SAPO.—He vivido siempre solo. En el fondo de mi agujero, mis únicos amigos eran los golpes de mi corazón, que hacían tac..., tac... continuamente. El agua me ha obligado a salir de mi escondrijo, y he visto, con vergüenza y con espanto, que hay un sol y unas estrellas allá arriba y flores de oro entre las hierbas. Y no quiero ver nada, no quiero saber nada. Yo os maldigo, extranjeros, porque me obligáis a salir de mi cueva; yo os maldigo, porque me obligáis a admirar lo que no quiero admirar, y me hacéis ver a la luz del día mi cuerpo deformado, sucio y viscoso, como los pensamientos de la envidia.

UNA GOLONDRINA.—¡Hermoso lago para deslizarse sobre él! ¡Qué claro! ¡Qué transparente! En su fondo hay otra golondrina hermana que corre al mismo tiempo que yo.

LA HIENA.—¿Quién ha llenado de agua el valle? ¿Quién ha cerrado mi paso al pueblo? Antes, de noche, iba a desenterrar los cadáveres de los hombres. Cuando no, devastaba los rebaños. Ahora nada puedo. ¡Maldición, maldición para esos extranjeros que así condenan a los infelices al hambre!

EL SEÑOR BUHO.—*(Mirando con su lente.)* Ayer, si no me engaño, había aquí una rama donde estuve descansando. Sí, era aquí. Venía indignado de la estupidez de los demás pájaros, y me detuve un momento a pensar en los beneficios de la soledad. Hoy no hay más que agua. ¿Quiénes han sido los audaces que han hecho esta sustitución escandalosa? ¡Hombres! Hombres seguramente... Esos seres frívolos, llenos de vanidad y de petulancia.

LA LUNA.—Antes, en la noche serena, veía brillar mis rayos en las espumas del río; ahora, más dulce, más amable, veo mi pupila blanca reflejada en el agua argentada de ese lago. En ese espejo yo me miro, dama errante de la noche; en ese espejo me contemplo cuando las brumas azules adornan mi faz risueña. ¡Yo os bendigo, extranjeros; yo os bendigo!

XV

UN INDIFERENTE

EL MURCIÉLAGO.—¿Han cambiado el río y han hecho un lago? Pse... Nada me importa. Yo vuelo por las calles, no por la campiña. No soy campesino, pero tampoco soy ciudadano; no tengo cédula de vecindad en el aire ni en el suelo; no soy pájaro ni soy terrestre. Soy voluble por naturaleza. Vuelo constantemente en zigzag y parece que busco algo, pero no busco nada.

Soy fantástico y alegre, egoísta y jovial. Me divierto, me aturdo y de todo no me importa nada. ¿Que han hecho un lago donde había un valle? Pse. Me es igual. ¿Que son buenos? ¿Que son malos? Nada me importa. Soy fantástico y alegre, egoísta y jovial. Vuelo constantemente en zigzag y parece que busco algo, pero no busco nada.

TERCERA PARTE

I

LOS CONJURADOS

Varios negros van subiendo hacia la parte alta de la isla, al compás de una música de tambores. En Fortunate-House todos se asoman a la muralla.

PARADOX.—¿Qué será eso? ¿Vendrán a atacarnos de nuevo?

UGÚ.—No; seguramente, no.

DIZ.—¿Qué llevarán en la punta de esa lanza?

SIPSOM.—*(Que ha sacado su anteojo y mira por él.)* Es una cabeza de hombre.

BEATRIZ.—¡Oh, qué horror!

Toda la comitiva se va acercando hasta colocarse a unos cuantos metros de la fortaleza.

UGÚ.—*(Saliendo a la muralla.)* ¿Qué es lo que queréis?

UN SUBLEVADO.—Queremos hablar con los extranjeros. Nos hemos levantado contra el rey Kiri y le hemos cortado la cabeza. Venimos a ofrecérosla y a pediros que desde hoy nos gobernéis vosotros.

Ugú comunica a Paradox y a Sipsom los deseos de sus paisanos, y ambos cruzan el puente levadizo y salen de la fortaleza. Los sublevados se inclinan ante ellos y les ofrecen el resto sangriento del rey Kiri.

PARADOX.—Echad eso al río y hablemos después. ¿Qué habéis hecho?

EL SUBLEVADO.—Hartos de las vejaciones y de los crímenes de este hombre, nos hemos conjurado unos cuantos, y esta madrugada hemos entrado en su palacio y le hemos dado muerte. El pueblo entero, al saberlo, se ha reunido con nosotros, y todos han celebrado que se haya concluído el reinado de este monstruo; pero después...

PARADOX.—Os habéis arrepentido de lo hecho.

EL SUBLEVADO.—No; lo que nos ha sucedido es que nos hemos quedado sin saber qué hacer, a quién nombrar rey, y entonces hemos pensado en vosotros.

SIPSOM.—¿Y qué queréis que hagamos nosotros?

EL SUBLEVADO.—Sabéis más y conocéis una porción de cosas de las cuales no tenemos idea. Queremos un rey justo y bueno; os pedimos que nos lo indiquéis.

SIPSOM.—Es una tarea difícil la que nos encargáis. Dadnos a lo menos un plazo para que tengamos tiempo de elegir.

EL SUBLEVADO.—Tomaos todo el día. El pueblo no puede esperar mucho tiempo sin rey. Reñirían unos con otros y estallaría la guerra civil.

PARADOX.—Pero comprended que es muy poco tiempo el que nos dais. Podríais después quejaros y protestar contra nuestra decisión.

EL SUBLEVADO.—No protestaremos; lo que elijáis

vosotros bien elegido estará. Decidid cuanto antes; nosotros esperaremos vuestro fallo. Mirad: el pueblo entero, que conoce ya nuestro proyecto, viene a la isla.

Efectivamente: se ven llegar más canoas y una gran masa de negros se va reuniendo en la parte baja de la Isla Afortunada.

SIPSOM.—Está acordado. Antes de que se haga de noche os diremos quién ha de ser vuestro rey.

II

LA CONSTITUCIÓN DE UGANGA

En el gran salón de Fortunate-House se han reunido todos los europeos, más Ugú, que ha sido admitido a las deliberaciones. Paradox actúa de presidente.

GANEREAU.—Pido la palabra para una cuestión previa.

PARADOX.—Tiene la palabra Ganereau.

GANEREAU.—Señores: Yo no comprendo por qué vamos a seguir al pie de la letra lo dicho por los sublevados.

Al pedir éstos un rey, lo que quieren indicar es que necesitan un gobierno; y creo que mejor que un gobierno personal es una república.

GOIZUETA.—A mí me parece todo lo contrario.

HARDIBRÁS.—A mí también.

SIPSOM.—Además, el deseo de ellos es explícito: quieren un rey.

GANEREAU.—¡Un rey! ¿Para qué sirve un rey?

PARADOX.—Hombre, sirve poco más o menos para las mismas cosas que un presidente de la República: para cazar conejos, para matar pichones y hasta en algunos casos, según se dice, han servido para gobernar.

GANEREAU.—A mí, mi dignidad no me permite obedeecr a un rey.

PARADOX.—¡Si no se obedece en ningún país al rey! Se obedece a una serie de leyes. En eso nada tiene que ver la dignidad. En todos los pueblos de Europa tenemos por jefe de Estado una especie de militar vestido de uniforme, con toda una quincallería de cruces y de placas en el pecho, y ustedes tienen una especie de notario de frac y de sombrero de copa con una cinta en el ojal.

GANEREAU.—No estoy conforme.

PARADOX.—Pues es igual.

SIPSOM.—Pero todo esto ¿qué tiene que ver para nuestro caso?

GANEREAU.—Yo lo que quiero decir es que no sospechan los naturales de Uganga que el país se pueda gobernar de otra manera.

SIPSOM.—¿Y les vamos a convencer de lo contrario en unas cuantas horas? *(Por lo bajo.)* Ya está pensando este hombre que se encuentra en Montrouge.

PARADOX.—A mí me parece que no debemos intentar con los mandingos un gobierno a la europea.

THONELGEBEN.—A mí me parece lo mismo.

GANEREAU.—Si les damos un rey absoluto, corren el peligro de que el nuevo rey sea un tirano abominable como el antiguo.

PARADOX.—Entonces ¿qué hacemos? ¿Intentamos una Constitución o simplemente señalamos a uno cualquiera para que sea rey?

GANEREAU.—Yo creo que la Constitución tiene grandes ventajas, y que debíamos hacer dos o tres proyectos y discutirlos.

PARADOX.—¿Se acepta la idea de Ganereau?

TODOS.—Aceptada. Ensayaremos eso, a ver si da algún resultado.

Ganereau se marcha a un extremo de la mesa y Diz a otro, y se ponen los dos a escribir rápidamente. Al cabo de media hora se levantan los dos con los papeles en la mano.

PARADOX.—¿Han terminado ustedes ya?

GANEREAU y DIZ.—Sí.

PARADOX.—Bueno; pues vamos a ver esos proyectos.

GANEREAU.—He suprimido todo comentario para que el escrito sea más breve. Los artículos principales de la Constitución son éstos:

Primero. Todos los habitantes de Uganga serán libres.

PARADOX.—*(Por lo bajo a la Môme Fromage.)* Libres de comer, si tienen qué; de rascarse, de espulgarse, de pasear; pero no libres de fastidiar a los demás.

GANEREAU.—Segundo. Todos los habitantes de Uganga serán iguales.

PARADOX. — *(A la Môme Fromage.)* Seguirán siendo desiguales en estatura, en nariz y en todos los demás atributos que da la Naturaleza. Creo, por lo tanto, que no se debe permitir cortar la nariz al que la tenga larga para hacerle igual al chato.

GANEREAU.—Tercero. Todos los habitantes de Uganga se considerarán como hermanos.

PARADOX.—Lo cual no impedirá que al hermano que muerda se le ponga su correspondiente bozal.

GANEREAU.—Cuarto. El Gobierno se regirá por un sistema representativo con el voto proporcional.

THONELGEBEN.—¡Alto ahí! Creo que no debemos aceptar el sistema parlamentario tal como se practica en Europa.

DIZ.—A mí me parece lo mismo.

PARADOX.—Yo soy también contrario al sistema representativo. No creo en la sublimidad de ese procedimiento que hace que la mayoría tenga siempre la razón.

GANEREAU.—Y entonces ¿cómo se va a regir el país?

PARADOX.—Yo encuentro lo más apropiado para Uganga un Gobierno paternal.

THONELGEBEN.—A mí el procedimiento mejor me parece una dictadura socialista, que puede irse renovando a medida que el dictador se canse o deje de cumplir bien con su deber. Creo que primeramente debemos declarar que la tierra de Bu-Tata será de todos; que habrá un depósito común de las herramientas de trabajo y que a cada uno se le dará según sus necesidades.

PARADOX.—Creo, amigo, que usted quiere colocar a los mandingos en un nivel más alto del que en realidad están.

THONELGEBEN.—No; ¿por qué? El comunismo es lo natural. Además, es económico. Las sociedades europeas son más artificiales porque se han separado de la realidad.

PARADOX.—Me parece que eso sería muy largo de discutir y que, además, la solución en pro o en contra no nos resolvería ningún problema.

THONELGEBEN.—¿No piensan ustedes que aquí lo principal es hacer que el pueblo viva feliz?

PARADOX.—Sí; en eso estamos todos. En lo que disentimos es en la manera de darle esa felicidad.

GOIZUETA.—¿Y la religión? Yo supongo que se intentará hacer a estos negros cristianos.

PARADOX.—Y ¿por qué? Cada uno tendrá la religión que quiera. Ya ve usted, entre nosotros mismos no hay completa unanimidad; yo soy panteísta.

DIZ.—Yo, haekeliano.

THONELGEBEN.—Yo también.

GANEREAU.—Yo soy deísta, como Voltaire.

PARADOX.—¿Y usted, Sipsom?

SIPSOM.—Yo, anglicano. Aunque, la verdad, no practico gran cosa.

PARADOX.—¿Y usted, Thady Bray?

THADY BRAY.—Yo, presbiteriano.

DORA.—Pues yo soy católica.

BEATRIZ.—Y yo.

GOIZUETA.—Y yo. Y tenemos la seguridad de creer en la religión verdadera.

HACHI OMAR.—La verdad única es que no hay más que Alá, y Mahoma, su enviado.

GOIZUETA.—Cállate, perro moro. Mahoma es un granuja.

Hachi Omar saca un rosario y se pone a rezar por lo bajo.

PARADOX.—Y usted, Piperazzini, ¿qué religión tiene?

PIPERAZZINI.—¡Corpo di Baco! Yo creo, la verdad, que soy pagano.

PARADOX.—¿Y usted, Ugú?

UGÚ.—Yo todavía creo en las bolas de estiércol.

PARADOX.—¿Y usted, Beppo?

BEPPO.—Yo, señor, no soy más que cocinero.

PARADOX.—¿Y usted, Hardibrás?

HARDIBRÁS.—Yo no tengo más religión que la disciplina militar y el honor.

PARADOX.—Pues, señor, hay una unanimidad verdaderamente encantadora entre nosotros. Desde Beppo, que no cree más que en los manuales culinarios, hasta los que se elevan a las alturas del Korán y de la Biblia, ¡qué abismo!

Sigue la discusión de una manera tempestuosa. Dora exige que no se permita a un hombre el que tenga varias mujeres, y Beatriz le apoya en su petición; Ganereau quiere la declaración de los derechos del hombre y una Cámara de

Diputados, y Diz y Thonelgeben se empeñan en que lo primero que debe hacerse es la repartición de las tierras.

Mientras discuten, va pasando la tarde sin que lleguen a un acuerdo. Sipsom, que sale con frecuencia, comprueba la agitación que existe entre los negros. Entra en el cuarto en donde están deliberando y se acerca a Thonelgeben.

SIPSOM.—Estamos perdiendo el tiempo de una manera lastimosa. Los negros se impacientan.

THONELGEBEN.—¿Y qué le vamos a hacer?

SIPSON.—Tengo un proyecto.

THONELGEBEN.—¿Cuál es?

SIPSOM.—Hacer rey a Paradox. ¿Qué le parece a usted?

THONELGEBEN.—Me parece muy bien.

SIPSOM.—¿Usted encuentra algún obstáculo? ¿Cree usted que su elección molestará a alguno?

THONELGEBEN.—Me parece que no. A no ser que le moleste a él.

SIPSOM.—Entonces, manos a la obra. Ayúdeme usted. Dígale usted a Paradox que le tenemos que enseñar una cosa desde la muralla.

THONELGEBEN.—Bueno.

Thonelgeben le habla a Paradox con gran misterio y salen los dos.

PARADOX.—¿Qué querrá este hombre? ¿Qué proyectos traerá?

Suben Paradox y Thonelgeben a la muralla. Sipsom, extendiendo sus brazos y mostrando a las turbas a Paradox.

SIPSOM. —¡Pueblo de Bu-Tata, aquí tienes a tu rey!

Todos los negros se acercan a la muralla y comienzan a dar gritos de entusiasmo.

PARADOX.—*(Indignado, queriendo bajar de la muralla.)* Pero ¿qué han hecho ustedes? ¡Me han engañado! ¡Yo no quiero ser rey!

SIPSOM.—*(Sin dejarle bajar.)* El voto popular lo ha decidido. El pueblo quiere que Paradox sea su rey: ¡Viva el rey Paradox!

Dentro y fuera de Fortunate-House:

¡Viva!

PARADOX.—Antes que la voluntad del pueblo está, en esta cuestión, la voluntad mía, y yo no quiero ser rey; que lo sea don Avelino.

TODOS.—¡Viva el rey Paradox!

HACHI.—¡Viva Muley Paradox!

TODOS.—¡Viva!

SIPSOM.—¡Viva la dinastía de los Paradoxidas!

TODOS.—¡Viva!

THONELGEBEN.—¡Viva Silvestre I!

TODOS.—¡Viva!

PARADOX.—¡Señores, señores! ¡Creo que están ustedes abusando de mi benevolencia real! Concluyamos pronto, porque si no, ahora mismo abdico y acaban en seguida los Paradoxidas.

Paradox baja de la muralla.

UN SUBLEVADO.—*(Acercándosele.)* ¡Señor! Las vírgenes de Bu-Tata piden permiso para saludarte, ¡gran rey!, en este momento solemne.

PARADOX.—Que pasen esas buenas señoras.

Entra una cáfila de negras horribles y van haciendo grotescas ceremonias delante del rey. Después viene una comisión de guerreros y de sacerdotes, que invitan al rey Paradox a ir a Bu-Tata a coronarse allí.

III

LAS FIESTAS DE LA CORONACIÓN

Salen Paradox y Diz de la Iglesia, que ha sido nombrado ministro, de la catedral de Bu-Tata, un granero en donde los magos se han reunido para coronar a Paradox. Suben al palanquín.

PARADOX.—No se va del todo mal encima de estos bárbaros. ¿Verdad, señor ministro?

DIZ.—¡Pse!... No.

PARADOX.—¡Y pensar que estos idiotas podrían darnos dos patadas y echarnos de aquí!

DIZ.—Pero eso no les conviene a ellos.

PARADOX.—¿Cree usted que no?

DIZ.—Claro que no; porque si ahora mismo se vieran sin rey, dentro de un momento empezarían a andar a linternazos.

PARADOX.—Y ¡pensar que eso mismo ocurre en Europa! El pueblo es siempre imbécil. Necesita llevar algo encima.

DIZ.—¡Es claro! Además, nosotros no pesamos gran cosa.

PARADOX. — Es nuestra falta. Si hubiéramos aplastado a dos o tres, tendrían de nosotros mucha mejor idea. ¡Ah idiotas! Diga usted: ¿qué diría el Conill si nos viera, eh? ¡A mí de rey, y a usted de ministro! ¿Qué asombro no sería el suyo?

DIZ.—¡Figúrese usted! Cuando le dije que nos íbamos lejos, me preguntó: "¿Van ustedes más allá de Francia?" "Más allá del moro", le contesté. "Entonces van ustedes a la China", me dijo él. En la geografía del Conill el final de la tierra es la China.

PARADOX.—Cuando volvamos y le contemos lo que hemos visto se va a asombrar de veras.

DIZ.—¡Ah! Pero ¿usted piensa volver?

PARADOX.—Yo sí. ¿Usted no?

DIZ.—¿Para qué? ¿Qué tiene usted en España que no tenga usted aquí?

PARADOX.—¡Oh, tantas cosas! Aquél es un país ideal, hombre. Va usted por cualquier pueblo y toma usted a la derecha... y un convento; y toma usted a la izquierda... y otro convento. Luego aquellos frailes tan simpáticos, aquellos curas tan inteligentes y tan limpios, aquellos empleados de las oficinas tan amables, aquellas porteras tan serviciales....

DIZ.—Yo no niego las bellezas de España, pero esto también tiene sus encantos.

PARADOX.—¡Qué quiere usted que le diga! Estoy harto de ver pieles negras y narices chatas. Antes tenía un gran entusiasmo por la vida salvaje; ahora pienso en aquella guardilla de la calle de Tudescos como si fuese un lugar de delicias.

DIZ.—¡Es usted una veleta!

PARADOX.—¡Qué se le va a hacer, amigo Avelino! Las ilusiones son como las flores, como las mariposas, como todo lo que es muy delicado y muy bonito. Brillan entre las ideas unas, y entre las matas las otras; se las coge entre los dedos, y se marchitan.

DIZ.—Siempre descontentadizo.

PARADOX.—Es la condición humana. Además, yo soy hombre de ideas, de proyectos, de lucha; lo establecido me cansa. ¿Qué vamos a hacer ya aquí?

Bajan Paradox y Diz de su palanquín y se les acerca el general Ma.

MA.—Señor, el ejército quiere saludar a su majestad.

PARADOX.—Que venga y que me salude.

BAGÚ.—Los magos de Uganga quieren inclinarse ante su majestad.

PARADOX.—Que se inclinen, pero acabemos pronto. Van a empezar las fiestas.

Thonelgeben ha preparado a orillas del lago fuegos artificiales que se van a quemar de noche. El pueblo entero de Bu-Tata espera con impaciencia que oscurezca para que empiecen los festejos.

Se queman los fuegos artificiales ante la admiración del público; luego comienzan los bailes. Bailan las mujeres y los hombres a la luz de la luna, al son de los tan-tan y de las flautas. La alta luna ilumina el lago con su luz de plata, y, a lo lejos, brotan las islas con sus arboledas misteriosas, y escapa de la superficie del agua una neblina azulada.

En la piel negra de las mujeres, alrededor de los cuellos, de las muñecas y de los tobillos, los collares de cuentas de cristal brillan y lanzan destellos. Es una noche de calma y de amor. Los amantes se buscan en las enramadas; algunos van en grupos en las canoas alumbrándose con farolillos hechos con cortezas, y se oye por todas partes el rumor de las panderetas y de los crótalos.

SIPSOM.—*(Pensativo.)* Yo cambiaría toda mi vida de hombre civilizado por una noche como ésta, de amor y de inconsciencia.

PARADOX.—¿De veras?

SIPSOM.—¿No encuentra usted ridículos ante la vida natural todos los refinamientos de la civilización?

PARADOX.—Ahora, en este momento, no.

SIPSOM.—Para mí, ahora y siempre. Todas esas máquinas y artefactos del progreso para correr, para marchar siempre más de prisa, ¡qué necios me parecen!

PARADOX.—Y ¿el progreso moral?

SIPSOM.—¡Qué progreso moral! La moralidad no es más que la máscara con que se disfraza la debilidad de los instintos. Hombres y pueblos son inmorales cuando son fuertes.

PARADOX.—Sí, es cierto. Las naciones vigorosas atraviesan lagos de sangre para satisfacer sus apetitos.

SIPSOM.—Y los hombres hacen igual.

PARADOX.—En el fondo, es triste.

SIPSOM.—Pero es así. En la vida no hay nada grande más que el amor y el trabajo.

PARADOX.—Y la muerte después.

SIPSOM.—Y la muerte después... Son las únicas verdades de la vida.

IV

EL PROGRESO DE BU-TATA

En la sala de sesiones de la Casa del Pueblo de Bu-Tata.

GANEREAU.—Yo confieso, señores, que la ciudad ha entrado en un período de progreso; se ha hecho la distribución de las tierras, y nadie tiene más terreno que el que él y su familia pueden labrar. Me parece muy bien. Thonelgeben ha implantado un sistema de bonos de trabajo para la retribución y para el cambio, que da buen resultado. Pero ya, ¿por qué no seguimos adelante? ¿Por qué no se implanta el sistema representativo?

PARADOX.—Pero ¿para qué?

GANEREAU.—Aunque no sea más que por la dignidad del país.

PARADOX.—¿Es que usted considera ofendida su dignidad porque yo soy rey? Pues lo dejaré.

GANEREAU.—No, no; pero, la verdad, nada tan bello como el sistema parlamentario funcionando libremente.

PARADOX.—¿Y rigiéndose por la ley de las mayorías? Me parece una cosa absurda e irritante.

SIPSOM.—Dejemos esa cuestión. Como juez, tengo que hacer una pregunta: ¿qué hacemos con ese hombre que ha asesinado a un viejo?

PARADOX.—Creo que habíamos proyectado poner a los asesinos al otro lado del lago.

SIPSOM.—¿Para siempre?

PARADOX.—Claro que para siempre.

SIPSOM.—A los dos ladrones los hemos dejado en una de las islas por tiempo limitado.

UGÚ.—A mí me han preguntado cuándo comenzará a echar agua la fuente de la plaza.

THONELGEBEN.—Dentro de unos días estará terminado el acueducto.

UGÚ.—También me han dicho si se podrá llevar al mismo tiempo, del almacén general, un arado y azadas el mismo día.

PARADOX.—Si hay de sobra, sí.

DIZ.—Se ha suprimido el cuartel y la cárcel, lo que encuentro muy bien. Beatriz, Dora y la señora francesa enseñan a las jóvenes mandingas a hacer labores; creo que debemos fundar escuelas para hombres.

GANEREAU.—Es verdad.

PARADOX.—Está bien que fundemos escuelas, pero creo que debemos establecerlas sin maestros.

SIPSOM.—Este Paradox es un hombre magnífico. Quiere hacer escuelas sin maestros.

PARADOX.—Sí, sin maestros, sin profesores, sin autoridad, si les parece mejor.

DIZ.—Pero para una escuela se necesitan profesores.

PARADOX.—Yo creo que no; el profesor es una especie de papagayo del género Psittacus, familia de los loros.

DIZ.—Todo lo que usted quiera, pero es necesario.

PARADOX.—No veo la necesidad de los maestros. El hombre puede aprender sin necesidad de maestro.

DIZ.—No estamos conformes.

PARADOX.—Pero fíjese usted en que casi todos los que han sobresalido en una ciencia o en un arte han aprendido su arte o su ciencia sin maestro. ¿Usted cree que hubo alguien que le enseñó a Darwin a observar, a Claudio Bernard a experimentar, a Shakespeare a escribir dramas, a Napoleón a ganar batallas?

DIZ.—Pero esos eran genios; tenían una aptitud clara, determinada; y ¿el que no la tenga?

PARADOX.—Por lo menos no se violentará. Pondremos unos cuantos talleres, en donde puedan entrar los chicos y los hombres. Que vean lo que se hace; si tienen vocación se quedarán, querrán aprender; si no, se largarán.

DIZ.—Y ¿usted cree que habrá alguno que tenga vocación para estudiar matemáticas?

PARADOX.—No, seguramente que no; pero ¿para qué les sirve ahora estudiar matemáticas? Cuando lo necesiten estudiarán. Hay un grado de civilización material en Bu-Tata que por ahora nos basta y nos sobra. ¿Para qué avanzar violentamente si no sentimos esa necesidad?

GANEREAU.—¿Y el arte?

PARADOX.—¡Ah! Pero ¿ustedes también tienen el fetichismo del arte, ese fetichismo ridículo que obliga a creer que las cosas inútiles son más útiles que las necesarias?

GANEREAU.—Pero el arte es una cosa útil.

PARADOX.—El arte es una cosa llamada a desaparecer, es un producto de una época bárbara, metafísica y atrasada.

SIPSOM.—¡Magnífico, Paradox! ¡Magnífico!

PARADOX.—Y si del arte pasa usted al artista, ¿hay nada más repulsivo, más mezquino, más necio, más francamente abominable que un hombrecillo de esos con los nervios descompuestos que se pasa la vida rimando palabras o tocando el violín?

SIPSOM.—¡Fuerte ahí! ¡Fuerte!

DIZ.—Diga usted entonces que la ciencia también es inútil.

PARADOX.—Si me aprieta usted mucho diré que es perjudicial.

DIZ.—Y ¿por qué?

PARADOX.—Porque produce un bárbaro desarrollo del cerebro a expensas de los demás órganos. Y en el cuerpo humano se necesita la armonía, no el predominio.

DIZ.—Entonces abajo la ciencia, abajo el arte y vivamos hechos unos bárbaros.

PARADOX.—Sí. Vivamos hechos unos bárbaros. Vivamos la vida libre, sin trabas, sin escuelas, sin leyes, sin maestros, sin pedagogos, sin farsantes.

SIPSOM.—¡Bravo! Vivan los hombres silvestres, aunque sean reyes.

PARADOX.—Y ¡abajo las Universidades, los Institutos, los Conservatorios, las escuelas especiales, las Academias, donde se refugian todas las pedanterías!

SIPSOM.—¡Abajo!

PARADOX.—¡Abajo esos viveros de calabacines que se llaman Ateneos!

SIPSOM.—¡Abajo!

PARADOX.—¡Abajo todos los métodos de enseñanza!

SIPSOM.—¡Abajo!

PARADOX.—Acabemos con los rectores pedantes, con los pedagogos, con los catedráticos, con los decanos, con los auxiliares, con los bedeles.

SIPSOM.—Acabemos con ellos. ¡Hip! ¡Hip! !Hurra!

DIZ.—De todos modos, al último no tendremos más remedio que establecer escuelas.

PARADOX.—Pero no les enseñemos *musa musae* a los chicos.

DIZ.—Eso por de contado.

PARADOX.—Ni historia.

DIZ.—Naturalmente que no.

PARADOX.—Ni retórica.

DIZ.—¡Claro!

PARADOX.—Ni psicología, lógica y ética.

DIZ.—¡Hombre, por Dios!

PARADOX.—Entonces acepto la escuela. Hablando de otra cosa, ¿saben ustedes que Thonelgeben y yo tenemos un gran proyecto?

DIZ.—¿Sí? ¿Cuál?

PARADOX.—Vamos a hacer un tiovivo en medio de la plaza. ¿Qué les parece a ustedes?

DIZ.—Magnífico.

PARADOX.—Ya verán ustedes dentro de una semana los caballos dando vueltas.

DIZ.—Pero ¿habrá caballos?

PARADOX.—¡No ha de haber! Daremos un curso pedagógico de equitación en caballos de madera.

V

ELOGIO DE LOS VIEJOS CABALLOS DEL TIOVIVO

—A mí dadme los viejos, los viejos caballos del tiovivo.

No, no me entusiasman esas ferias elegantes, con sus cinematógrafos y sus barracas espléndidas y lujosas. No me encantan esos orquestiones, grandes como retablos de iglesia, pintados, dorados, charolados. Son exageradamente científicos. Mirad esas columnas salomónicas que se retuercen como lombrices; mirad esas figuras de señoritas de casaca y calzón corto que llevan el compás dando con un martillito en una campana, mientras mueven la cabeza con coquetería; mirad esas bailarinas que dan vueltas graciosas sobre un pie, con una guirnalda entre las manos. Oíd la música, chillona, estrepitosa, complicada de platillos, flautas, bombos, que sale del interior del aparato. Yo no quiero quitarles su mérito, pero...

A mí dadme los viejos, los viejos caballos del tiovivo.

No son mis predilectos esos tiovivos modernistas, movidos a vapor, atestados de espejos, de luces, de arcos voltaicos, que giran arrastrando coches llenos de adornos, elefantes con la trompa erguida, y cerdos blancos y desvergonzados que suben y bajan con un movimiento cínico y burlesco. No les niego el mérito a esas montañas rusas cuyo vagón pasa vertiginosamente, con un estrépito de hierro y una algarabía de chillidos de mujer, pero...

A mí dadme los viejos, los viejos caballos del tiovivo.

Dadme el tiovivo clásico, el tiovivo con que se sueña en la infancia, aquel que veíamos entre la barraca de la Mujer-Cañón y la de las figuras de cera. Diréis que es feo, que sus caballos azules, encarnados, amarillos, no tienen color de caballo; pero eso ¿qué importa, si la imaginación infantil lo suple todo? Contemplad la actitud de estos buenos, de estos nobles caballos de cartón. Son tripudos, es verdad, pero fieros y gallardos como pocos. Llevan la cabeza levantada, sin falso orgullo; miran con sus ojos vivos y permanecen aguardando a que se les monte en una postura elegantemente incómoda. Diréis que no suben y bajan, que no tienen grandes habilidades, pero...

A mí dadme los viejos, los viejos caballos del tiovivo.

¡Oh nobles caballos! ¡Amables y honrados caballos! Os quieren los chicos, las niñeras, los soldados. ¿Quién puede aborreceros si bajo el manto de vuestra fiereza se esconde vuestro buen corazón? Allí donde vais reina la alegría. Cuando aparecéis por los pueblos, formados en círculo, colgando por una barra del chirriante aparato, todo el mundo sonríe, todo el mundo se regocija. Y, sin embargo, vuestro sino es cruel; cruel, porque, lo mismo que los hombres, corréis, corréis desesperadamente y sin descanso, y lo mismo que los hombres corréis sin objeto y sin fin...

A mí dadme los viejos, los viejos caballos del tiovivo.

VI

EN EL PALACIO

DIZ.—¿Sabe usted que Dora se casa con Thonelgeben?

PARADOX.—¡Hombre! Al fin.

DIZ.—Sí, y Thady Bray con Beatriz.

PARADOX.—¿Se ha convencido Ganereau? Parece que no le gustaba la boda.

DIZ.—Sí, se oponía porque Thady no es más que un grumete y él procede de los Ganereau de Pericard, que es una familia muy noble de Mont-de-Marsan.

PARADOX.—¡Demonio!

DIZ.—Sí; además parece que una abuela de Ganereau fué querida de Napoleón el Grande.

PARADOX.—Esos ya son títulos de gloria.

DIZ.—La verdad es que estos franceses son un poco farsantes.

PARADOX.—Pero ellos no tienen la culpa. Es defecto de nacimiento. Y ¿cómo le ha convencido Thady? ¿Ha tenido él alguna otra abuela ligera de cascos, querida de algún otro hombre ilustre?

DIZ.—No sé. Parece que el muchacho ha replicado, diciendo que los Bray proceden de Greenock, y que los primeros Bray estuvieron en las Cruzadas con Ricardo Corazón de León. Además, ha añadido que tienen en Escocia una torre que se está cayendo y un baúl lleno de pergaminos, con lo cual Ganereau de Pericard se ha dado por satisfecho.

PARADOX.—Y luego fíese usted de los demócratas.

DIZ.—De modo que vamos a tener dos bodas. Sipsom actuará de juez y usted pronunciará un discurso elocuente.

PARADOX.—Pero ¿está instituído el matrimonio en Bu-Tata? Yo creo que no debemos dar un mal ejemplo.

DIZ.—No tendremos más remedio que casar a estos novios; luego podemos abolir el matrimonio e instituir el amor libre.

UGÚ.—*(Que entra.)* Señor.

PARADOX.—¿Qué hay?

UGÚ.—Dos extranjeros quieren ver al rey.

PARADOX.—Que pasen.

Entran don Pelayo y Mingote, los dos cubriendo sus desnudeces con faldas hechas con hojas de plátano.

DON PELAYO y MINGOTE. — *(Arrodillándose.)* ¡Señor!

PARADOX.—¡Cristo! Pero ¿son ustedes?

DON PELAYO.—¡Toma! Si es don Silvestre.

PARADOX.—Sí, soy yo. ¿Y qué tal? ¿Qué tal? Levántense ustedes.

MINGOTE.—¿Qué tal? Han hecho con nosotros ignominias.

PARADOX.—¿Los negros?

MINGOTE.—No, los moros. Y cuando nos hemos escapado de ellos hemos dado con los negros, y el pobre Ferragut... ¿No se acuerda usted de Ferragut?

PARADOX.—No, no recuerdo.

DON PELAYO.—El general, el flaco del bigote grande.

PARADOX.—¡Ah, sí! ¿Qué le ha pasado?

MINGOTE.—Que se lo han comido.

PARADOX.—¿De veras?

DON PELAYO.—Delante de nosotros.

PARADOX.—¡Pobrecillo!

DON PELAYO.—Era un egoísta.

PARADOX.—Pues ¿qué hacía?

DON PELAYO.—Nada; que cuando el verdugo o el cocinero, como ustedes quieran llamarlo, estaba preparando el asador para uno de nosotros, me decía: "Yo creo que no empezarán por mí; ¡me he quedado tan flaco y tan correoso!"

MINGOTE.—¿Decía eso? ¡Ah canalla! Pues por él empezaron. Debía guardarle rencor; pero no, no se lo guardo, aunque el pobrecito era un pastelero.

PARADOX.—Y ¿qué hicieron con él después de matarlo?

MINGOTE.—Lo asaron. La verdad es que estaba flaco. Yo, al verlo en los huesos, temblaba.

PARADOX.—¿Y si lo hubiera visto gordo, no?

MINGOTE.—No, porque decía: con un hombre tan flaco no van a tener bastante, y empezarán en seguida con nosotros; un sudor me iba y otro me venía, y tenía tan mal cuerpo que, gracias a eso, creo que no siguieron por mí.

PARADOX.—Supusieron los salvajes que en aquel momento no estaría usted sabroso.

MINGOTE.—Con seguridad.

PARADOX.—O quizá no tenían apetito y los dejaron a ustedes para mejor ocasión.

MINGOTE.—Es muy posible.

PARADOX.—El caso es que se contentaron con Ferragut.

MINGOTE.—Sí; y por la noche pudimos huir don Pelayo y yo de aquella playa inhospitalaria.

PARADOX.—¡Ah! Pero ¿estaban ustedes en alguna playa?

MINGOTE.—No; es una manera de hablar.

PARADOX.—Vamos, es una metáfora. ¿Y de miss Pich, qué fué de ella?

DON PELAYO.—Un horror. La violaron.

PARADOX.—Sí que debía de ser una gente terrible.

DON PELAYO.—No puede usted tener idea.

PARADOX.—¿Y ella que dijo?

DON PELAYO.—Ella lo sentía, más que nada, por el deshonor que caía sobre los Pichs.

PARADOX.—¿Y estuvo templada?

DON PELAYO.—Conservó una serenidad espantosa. A pesar del suceso, decía con frialdad al día siguiente, mientras preparaba un artículo para la *Revista Neosófica:* "Los hombres son seres inferiores".

PARADOX.—¿Y los demás marineros?

DON PELAYO.—Unos se quedaron de esclavos de los moros, a otros los empalaron con música.

PARADOX.—¿Cómo con música?

DON PELAYO.—Sí; tenían el cinismo de tocar alguna canción mientras los clavaban. Varios lograron huir de aquella playa inhospitalaria, como dice mi amigo; creo que pocos habrán podido conservar su cabeza. Y ¿a ustedes, en cambio, les ha ido bien?

PARADOX.—Bastante bien. Ya ve usted, a mí me han nombrado rey del país.

DON PELAYO.—¿Y podremos establecernos aquí, don Silvestre?

PARADOX.—Hay tierra sobrante para todos. El gobierno presta gratis los útiles de labranza. Además, se les construirá a ustedes una casa.

MINGOTE.—Eso de ser agricultor, la verdad, no me seduce. Yo lo que quisiera es un empleo en alguna oficina.

DIZ.—Aquí no hay oficinas ni empleos.

MINGOTE.—¿Entonces de qué se vive?

DIZ.—Aquí todo el mundo trabaja y vive de su trabajo.

MINGOTE.—Pero ¡a esto le llaman ustedes civilizar un país!

PARADOX.—Así lo hemos entendido nosotros.

MINGOTE.—En fin, si no hay otro recurso, nos dedicaremos a la agricultura. Tomaré un par de docenas de criados negros y haré que trabajen mis campos.

DIZ.—También es imposible. No se permite hacer trabajar a los demás en provecho de uno.

MINGOTE.—¡Ah! ¿No? Pues, entonces, ¿qué se permite aquí? Déjenme ustedes algún dinero y podré ganar la vida prestando al cincuenta por ciento.

PARADOX.—*(Sonriendo.)* Es que tampoco hay préstamos, ni dinero.

MINGOTE.—¿Que no hay dinero?

PARADOX.—No.

MINGOTE.—Pero ¡eso es un disparate!

PARADOX.—¡Qué quiere usted! Donde hay dinero, unos suelen tener demasiado, otros demasiado poco, y todos suelen estar mal.

MINGOTE.—¿Y cómo viven ustedes?

PARADOX.—Muy bien.

MINGOTE.—¡Y viven sin dinero! ¿Y qué hacen

ustedes cuando tienen que decir: "Eh, chico, traé-me una cajetilla de cuarenta y cinco"?

PARADOX.—Como tampoco hay tabaco, pues no lo pedimos. De manera que ya saben ustedes: si quieren, se les hará su casa, se les regalará el terreno y se les prestarán los útiles necesarios para labrar la tierra. Si no, con su consentimiento, les llevaremos lo más cerca posible de las factorías francesas.

MINGOTE.—¡Es ya lo que nos faltaba por ver, don Pelayo! Después de haber sido atropellados por los moros, y a punto de servir de merienda a los negros, llegar a un país donde no hay oficinas, ni casas de préstamos, ni dinero. ¡Y a esto se llama civilizar un país!

PARADOX.—¿Qué le va usted a hacer?

MINGOTE.—Habrá que resignarse. ¿Quiere usted que vivamos juntos, don Pelayo?

DON PELAYO.—No me parece mal.

PARADOX.—Entonces pueden ustedes elegir el sitio que no esté ocupado y que más les guste.

VII

LA JUSTICIA DE SIPSOM

SIPSOM.—*(Juez.)* Se abre la sesión. Que vayan entrando los acusadores y los acusados.

Los dos ujieres hacen pasar a un mandingo y a su mujer.

SIPSOM.—¿Qué os pasa? ¿Qué querella tenéis entre vosotros?

LA MUJER.—Señor juez, mi marido es un gandul. Todos los días le estoy diciendo que vaya al almacén general a buscar las herramientas del trabajo. y sale de casa y se detiene al sol, y no hace nada. Y como no trae los bonos de trabajo, los chicos se quedan sin comer.

SIPSOM.—Y tú, hombre, ¿qué dices a esto?

EL HOMBRE.—Yo digo que no trabajo porque no tengo gana; y que si tuviera gana, trabajaría.

SIPSOM.—Muy bien. Ahora yo a este vago mandaría pegarle una paliza, y mañana trabajaría como lo que es, como un negro; pero desde el rey hasta el último ciudadano de Bu-Tata se incomodarían conmigo.

EL UJIER.—¿Qué manda el señor juez que hagamos con este hombre?

SIPSOM.—Que le pongan a aserrar madera, y el jornal que se lo reserven a su mujer.

EL HOMBRE.—¿Y la libertad? ¿Ésa es la libertad?

Los ujieres echan fuera al negro; tras él sale su mujer. Entran después otros dos mandingos, uno joven y otro viejo.

SIPSOM.—¿Qué os pasa a vosotros?

EL VIEJO.—Sucede que yo me tomo el trabajo de cuidar mis gallinas. A todas horas las atiendo, y este muchacho, que es vecino mío, entra en mi casa y me las roba.

SIPSOM.—¿Eso es verdad?

EL JOVEN.—Sí; yo no tengo paciencia para cuidarlas y me aprovecho de las del vecino.

SIPSOM.—Pero no son tuyas.

EL JOVEN.—¿Y eso qué importa? ¿No ha dicho el rey Paradox que a cada uno debe dársele según sus necesidades? Yo necesito esas gallinas.

SIPSOM.—Este Paradox es un loco; va a hacer este pueblo ingobernable.

EL JOVEN.—En cambio, este viejo que me acusa tiene una costumbre peor que la mía.

SIPSOM.—Pues ¿qué hace?

EL JOVEN.—Que guarda los bonos de trabajo, porque quiere ser rico, como se era en tiempo del rey Kiri.

SIPSOM.—Está bien; desde hoy *(Al viejo)* tú entregarás los bonos de trabajo que has ido guardando, y tú cuidarás de las gallinas del viejo. ¡Hala, marchaos!

Entran una mujer joven, otra vieja y dos hombres.

SIPSOM.—*(A un ujier.)* Entérate de qué es lo que quiere esta gente.

El ujier habla con ellos, y vuelve asombrado.

EL UJIER.—El caso es nuevo y extraordinario, señor juez.

SIPSOM.—Pues ¿qué sucede?

EL UJIER.—Estos dos hombres que se disputan una suegra.

SIPSOM.—Pero eso no es posible.

EL UJIER.—El uno dice que ésta es su suegra, porque la hija de esta mujer es su mujer, y el otro dice lo mismo.

SIPSOM.—Y ¿la interesada a quién de los dos señala como marido?

EL UJIER.—A ninguno, porque se ha quedado sordomuda de un susto, y no entiende ni habla.

SIPSOM.—¡Demonio! He aquí un caso difícil. Que se acerquen.

Se acercan las dos mujeres y los dos hombres. Uno de éstos es grave y triste; el otro, sonriente y de aire malicioso.

SIPSOM.—Vamos a ver. ¿Quién es el marido de esta mujer?

EL GRAVE.—Yo.

EL SONRIENTE.—Yo.

SIPSOM.—Pero ¿cómo podéis ser los dos maridos de una mujer al mismo tiempo?

EL GRAVE.—Es que yo soy el verdadero y único marido.

EL SONRIENTE.—El verdadero marido soy yo.

SIPSOM.—Usted, mujer, ¿quién es su marido?

LA MUDA.—Han, hin, hon.

SIPSOM.—*(A la vieja.)* ¿Quién es su yerno?

LA VIEJA.—*(Señalando al Sonriente.)* Éste. Todos los vecinos podrán decir que es éste el marido de mi hija.

SIPSOM.—*(Al grave.)* Y ¿cómo te atreves tú a decir que eres su yerno?

EL GRAVE.—Porque es verdad. Vivo con su hija hace un año. Éramos felices cuando vino esta vieja a enredarlo todo y la convenció a mi mujer de que debía separarse de mí e irse a vivir con otro hombre.

EL SONRIENTE.—Con quien vive hace un año esta mujer es conmigo. Y mi suegra lo dirá. Ahora que ha entrado este hombre en mi casa y ha querido suplantarme.

LA VIEJA.—Sí. Éste es mi yerno. El otro es un granuja a quien no conozco.

SIPSOM.—Esta mujer parece que odia demasiado a este hombre, a quien llama granuja y dice que no conoce. Sintámonos dignos de Salomón. Ujieres, dad a cada uno de estos hombres un cuchillo y que partan la suegra por la mitad, en dos trozos iguales, y que cada uno se lleve su pedazo.

EL SONRIENTE.—No, no; yo no quiero hacer eso. ¿Por qué he de matar a esa buena mujer?

EL GRAVE.—Venga el cuchillo. Esta vieja es una enredadora y una chismosa.

SIPSOM.—*(Al grave.)* Tú, el que la quieres mal, eres el yerno. Llévate a tu mujer y a tu suegra.

Salen las dos mujeres y los dos hombres, y entran Mingote, blanco como el papel, y don Pelayo, con la cara hinchada.

MINGOTE.—¡Señor juez, señor juez!

SIPSOM.—¿Qué pasa?

MINGOTE.—Que don Pelayo me ha seguido con un cuchillo y me lo ha querido clavar en el corazón.

SIPSOM.—*(A don Pelayo.)* ¿Es eso verdad?

DON PELAYO.—Sí. Pero también es verdad que este señor se figura que yo soy su criado y que tengo que trabajar para él. Hoy me ha mandado labrar la tierra, y, como yo le he dicho que fuera él, me ha dado un puñetazo en un ojo y otro en la mejilla. Entonces yo he cogido un cuchillo y él ha echado a correr.

SIPSOM.—*(A Mingote.)* ¿Usted qué dice a eso?

MINGOTE.—Digo que es cierto. Pero es que me ha faltado al respeto y me ha insultado.

SIPSOM.—Señores, yo creo que lo mejor que pueden ustedes hacer es darse mutuas satisfacciones y olvidar lo ocurrido.

MINGOTE.—Eso, nunca.

DON PELAYO.—Yo lo que quiero es justicia. Que se castigue al que haya faltado. Usted es el juez y debe averiguar quién tiene la culpa.

SIPSOM.—Pero ¿para qué? ¿No se pueden ustedes arreglar amigablemente?

MINGOTE.—No, señor.

DON PELAYO.—No, señor.

SIPSOM.—Pero ¿no sería mejor que se entendieran ustedes?

MINGOTE.—No nos podemos entender.

DON PELAYO.—Es imposible.

SIPSOM.—Me van ustedes a obligar a tomar una determinación radical.

MINGOTE.—Eso queremos.

DON PELAYO.—Es lo que deseamos.

SIPSOM.—¿Sí? Está bien. Ya que quieren ustedes que yo intervenga, intervendré. Don Pelayo, bájese usted los pantalones.

DON PELAYO.—Señor juez, ¡por Dios!

SIPSOM.—Bájese usted los pantalones. *(A Mingote.)* Usted, señor Mingote, coja esta vara y dele usted diez golpes a su amigo.

MINGOTE.—Está bien.

Comienza a golpear a don Pelayo sin mucha fuerza.

UN NEGRO.—*(En el público.)* Eso es una injusticia.

SIPSOM.—Y al que chille le pasará lo mismo. ¿Ha concluído usted, señor Mingote?

MINGOTE.—Sí, señor.

SIPSOM.—¿Diez golpes, ni uno más ni uno menos?

MINGOTE.—Diez.

SIPSOM.—Muy bien. Ahora póngase usted.

MINGOTE.—¿Yo?

SIPSOM.—Sí.

MINGOTE.—Pero ¿usted sabe quién soy yo?

SIPSOM.—Ujieres, atad y desnudad a este hombre.

Los negros lo sujetan y lo desnudan al instante.

MINGOTE.—¡Socorro, socorro!

SIPSOM.—*(A don Pelayo.)* Ahora devuélvale usted los diez golpes que le ha adjudicado su amigo.

Don Pelayo, con los ojos brillantes de satisfacción, coge la vara, después de escupirse en las manos para que no se le escurra, y comienza dando con todas sus fuerzas.

EL UJIER.—*(Contando.)* Uno.

MINGOTE.—¡Ay, ay, ay!

EL UJIER.—Dos.

Sigue contando tranquilamente; a cada golpe sale un verdugón, y cuando se llega a los diez, don Pelayo deja la vara satisfecho.

SIPSOM.—Ya estarán ustedes contentos. Me han obligado ustedes a emplear estos recursos. Han quedado en paz. Ya ven ustedes que administro justicia por un procedimiento socialista, a cada uno, según su capacidad; a cada capacidad, según sus obras. Pueden marcharse.

VIII

UN CAMPAMENTO

Frente al río de Bu-Tata, en una colina, sin que nadie se entere, sin que nadie se dé cuenta, se ha establecido un campamento. Diez ametralladoras y otros tantos cañones de tiro rápido apuntan a la ciudad.

A la luz de las hogueras se ven las tiendas de campaña. Los centinelas se pasean con el fusil al brazo. Los soldados, en corrillos, charlan animadamente.

RABOULOT.—Yo no sé qué demonio de ocurrencia tiene el Gobierno de meterse con estas gentes que a nosotros no nos hacen ningún daño. ¿Tú comprendes esto, caballero Michel?

MICHEL.—Yo no comprendo más sino que esta vida es una porquería.

RABOULOT.—¡Qué quieres! Es la vida del soldado.

MICHEL.—Una vida sucia como pocas.

RABOULOT.—¡Pse!... Hay que aguantarse.

MICHEL.—Pero ¿por qué esa cochina República nos obliga a andar a tiros con esta gente?

RABOULOT.—Hay que civilizarlos, caballero Michel.

MICHEL.—Pero si ellos no lo quieren.

RABOULOT.—No importa; la civilización es la civilización.

MICHEL.—Sí; la civilización es hacer estallar a los negros metiéndoles un cartucho de dinamita, apalearlos a cada instante y hacerles tragar sopa de carne de hombre.

RABOULOT.—Pero también se les civiliza de veras.

MICHEL.—¿Y para qué quieren ellos esa civilización? ¿Qué han adelantado esos del Dahomey con civilizarse? ¿Me lo quieres decir, caballero Raboulot? Ya tienen pantalones, ya tienen camisa, ya saben que un rifle vale más que un arco y que una flecha; ahora múdales el color de la piel, ponles un poco más de nariz, un poco menos de labios, y llévalos a divertirse a Folies-Bergères.

RABOULOT.—¡Je! ¡Je! Yo creo que este condenado parisiense es anarquista o cosa parecida.

MICHEL.—¡Pensar que uno está aquí y que podría uno andar por Batignolles o por Montmartre!

RABOULOT.—Yo también estaría más a gusto en mi aldea que aquí; pero hay que servir a la Francia.

MICHEL.—Que le sirvan sólo los aristócratas. Ellos son los únicos que se aprovechan del ejército.

RABOULOT.—Sí, es verdad. Luego se arma uno un lío que ya no sabe uno qué hacer. En unos lados se puede robar y llevarse todo lo que haya; en otros no se puede tomar ni un alfiler. Te digo que yo no comprendo esto, caballero Michel.

MICHEL.—Ni nadie lo comprende. Hay que obedecer sin comprender: ésa es la disciplina. ¡Que no le pueda uno aplastar el cráneo al que ha inventado esta palabra!

RABOULOT.—Hablando de otra cosa. ¿Has tenido noticias de París?

MICHEL.—Hace pocos días leí en el periódico que un amigo mío había debutado en el Casino de Montmartre.

RABOULOT.—¿De qué?

MICHEL.—De *chanteur*. Ése es un hombre feliz. No le faltarán mujeres. En cambio, aquí...

RABOULOT.—¡Sacredieu! ¡Aquí hay negras muy guapas, caballero Michel! No las desacredites.

MICHEL.—¿De esas que les bailan las ubres cuando corren? Yo no puedo con ellas.

RABOULOT.—Sí, como dice Prichard, los parisienses sois muy delicados.

MICHEL.—¡Pse!... Es cuestión de estómago.

RABOULOT.—¿Y te falta mucho para cumplir?

MICHEL.—Tres años todavía. Si pudiera escaparme...

RABOULOT.—Pues no se está tan mal, caballero Michel. El coronel Barband no es del todo malo.

MICHEL.—No; tiene un carácter cochino.

RABOULOT.—El capitán Fripier sí es un poco duro con la ordenanza.

MICHEL.—Yo le metería una bala en la cabeza por farsante. Siempre está con los bigotes rizados, mirándole a uno de arriba abajo, por si le falta a uno un botón o lleva uno una mancha. ¡Canalla!

RABOULOT.—Anda, parisiense, no te desesperes. Vamos a echar un sueño, y ya veremos cómo amanece mañana.

MICHEL.—Mal; ¿cómo va a amanecer?

RABOULOT.—Hay días en que uno se divierte.

MICHEL.—Hazte ilusiones. *(Echándose a dormir.)* No debía haber ejército, ni naciones, ni nada...

IX

DESPUÉS DE LA BATALLA

Está anocheciendo. Bu-Tata entera arde por los cuatro costados. Los cañones franceses han lanzado una lluvia de granadas de melinita que han incendiado casas, chozas, almacenes, todo. A media tarde, dos batallones de dahomeyanos y uno de tropas disciplinarias se han acercado al pueblo, han colocado las ametralladoras a su entrada y han acabado con lo que quedaba.

Como si hubiera habido un terremoto, Bu-Tata se ha desmoronado; los tejados se han hundido, las paredes se han ido cayendo, cerrando las callejas con sus escombros. En la escuela, que por una casualidad no se ha venido abajo, está reunido el Estado Mayor francés, y sobre el tejado de este edificio ondea la bandera tricolor.

RABOULOT.—A la orden, mi coronel.

EL CORONEL BARBAND.—¿Qué hay?

RABOULOT.—Unos europeos que iban huyendo por el río han sido hechos prisioneros.

BARBAND.—¿Dónde están?

RABOULOT.—Aquí vienen.

BARBAND.—Que pasen. *(Entran todos los de Fortunate-House a presencia del coronel.)* ¿Quiénes son ustedes?

PARADOX.—Nosotros somos los que hemos civilizado este pueblo, al cual ustedes, bárbaramente, y sin motivo, acaban de incendiar y de pasar a cuchillo; nosotros somos...

BARBAND.—Nada de comentarios. Al que los haga le mandaré fusilar inmediatamente. Los nombres, nada más.

GANEREU.—Aquiles Ganereau, rentista, y mi hija Beatriz con su marido.

BARBAND.—¿Y usted?

SIPSOM.—Sipsom Senior, de Mánchester.

BARBAND.—¿Y usted?

THONELGEBEN.—Eichthal Thonelgeben, de Colonia.

BARBAND.—*(Frunciendo el ceño.)* ¿Prusiano?

THONELGEBEN.—Sí, señor; gracias a Dios. Esta señora es mi mujer

BARBAND.—¿Y ustedes?

DIZ.—Estos señores son italianos, y nosotros españoles, y éste marroquí.

BARBAND.—*(A la Môme Fromage.)* ¿Y usted?

LA MÔME FROMAGE.—Mi coronel, yo soy parisiense.

BARBAND.—¿De veras?

LA MÔME FROMAGE.—Ex bailarina del Moulin Rouge.

BARBAND.—¡Sacredieu! ¡Qué encuentro! ¿Estos señores son amigos de usted?

LA MÔME FROMAGE.—Sí.

BARBAND.—Entonces seré clemente. Quedarán ustedes prisioneros hasta que expliquen su presencia en Bu-Tata. Pueden ustedes retirarse.

Quedan solos el coronel y la ex bailarina, y charlan animadamente. Cuando más entretenidos están en su conversación se abre la puerta y entra Bagú seguido de dos soldados.

BAGÚ.—¡Musiu, musiu!

BARBAND.—¿Quién es esta especie de mono?

MICHEL.—Parece que es el obispo del pueblo.

BARBAND.—¿Qué quiere?

MICHEL.—No se le entiende nada.

BARBAND.—Bueno; que lo fusilen.

MICHEL.—*(Llevándose al mago.)* Vamos, *mon vieux,* tienes mala suerte. ¿Quién te manda a ti hacer reclamaciones teniendo la cara negra?

Le llevan a un rincón y lo fusilan. Bu-Tata sigue ardiendo. En las callejas del pueblo, cerca de las tapias de las huertas, se ven niños degollados, mujeres despatarradas, hombres abiertos en canal. Un olor de humo y de sangre llena la ciudad. Los oficiales reunidos beben y charlan animadamente; los soldados saquean las casas.

Se oyen luego los sonidos de las cornetas. Los soldados se retiran al campamento, y en las calles solitarias, entre los escombros de las casas derruídas y los restos carbonizados del incendio, se escuchan los gritos y los lamentos de los heridos y de los moribundos.

X

EN LA CÁMARA FRANCESA

El ministro de la Guerra sube a la tribuna.

EL MINISTRO.—Señores: Para convencer a los honorables diputados de la derecha de que el ejército expedicionario francés que opera en el golfo de Guinea no está inactivo por imposiciones diplomáticas de determinadas potencias, como se ha supuesto, voy a leer el parte que acabo de recibir. Dice así:

"Cuartel general de Bu-Tata. Señor ministro de la Guerra.

"Después de cuatro días de marcha, el cuerpo expedicionario que tengo la honra de mandar llegó a las proximidades de la ciudad de Bu-Tata. El enemigo se había atrincherado en el pueblo, en número de diez mil, con armas y municiones. Tras un día de cañoneo, las tropas al mando del comandante Gauguin atacaron la ciudad por el flanco izquierdo, desalojando inmediatamente las posiciones del enemigo. Sus pérdidas han sido quinientos muertos y más de tres mil prisioneros.

Entre éstos se encuentran varios europeos, ingleses y alemanes, que habían organizado la defensa de la ciudad.—*El coronel Barband,* comandante en jefe de la columna expedicionaria."

DÉROULÈDE.—*(Levantándose.)* ¡Viva el ejército! ¡Viva Francia! *(Aplausos frenéticos y vivas en la derecha.)*

Unas horas después todos los marmitones y carniceros de París pasan por los bulevares con una bandera tricolor, dando vivas al ejército y a Déroulède.

XI

TRES AÑOS DESPUÉS

En el despacho del médico de guardia del hospital de Bu-Tata.

EL DOCTOR.—¿Qué entradas tenemos hoy?

EL AYUDANTE.—Ayer ingresaron diez variolosos.

EL DOCTOR.—¿Diez?

EL AYUDANTE.—Ni uno menos. Entraron, además, cinco sifilíticos; seis de gripe infecciosa; ocho de tuberculosis; dos con delirio alcohólico...

EL DOCTOR.—¡Qué barbaridad!

EL AYUDANTE.—Y, además, una mujer cuyo marido le dió una puñalada por celos, que murió a las pocas horas.

EL DOCTOR.—Si seguimos así, no va a haber camas en este hospital. ¡Fíese usted de los naturalistas!

EL AYUDANTE.—¿Por qué?

EL DOCTOR.—Porque hay un informe de Lenessan diciendo que Uganga es un país muy sano.

EL AYUDANTE.—Lo era.

EL DOCTOR.—Y ¿cree usted que habrá variado?

EL AYUDANTE.—Sí, señor.

EL DOCTOR.—Y ¿por qué?

EL AYUDANTE.—Por la civilización.

EL DOCTOR.—Y ¿qué tiene que ver la civilización con eso?

EL AYUDANTE.—Mucho. Antes no había aquí enfermedades, pero las hemos traído nosotros. Les hemos obsequiado a estos buenos negros con la viruela, la tuberculosis, la sífilis y el alcohol. Ellos no están, como nosotros, vacunados para todas estas enfermedades, y, claro, revientan.

EL DOCTOR.—*(Riendo.)* Es muy posible que sea verdad lo que usted dice.

EL AYUDANTE.—¡Si es verdad! El año pasado fuí a un pueblo de al lado; y ¿sabe usted lo que pasó?

EL DOCTOR.—¿Qué?

EL AYUDANTE.—Que les inficioné con la viruela, y, sin embargo, yo no la tenía.

EL DOCTOR.—Es curioso ese caso; y ¿cómo se lo explica usted?

EL AYUDANTE.—Yo me lo explico sencillamente. Entre nosotros, los organismos débiles que no podían resistir las enfermedades, el trabajo abrumador y el alcohol, han muerto. A los que quedamos no nos parte un rayo; llevamos los gérmenes morbosos en nuestro cuerpo como quien lleva un reloj de bolsillo; así sucede que, mientras los blancos estamos magníficamente, los negros se van marchando al otro mundo con una unanimidad asombrosa.

EL DOCTOR.—Mientras vayan ellos solos, ¿eh?

EL AYUDANTE.—Poco se pierde.

EL DOCTOR.—Además, hay pasta abundante. Hasta que se acabe.

EL AYUDANTE.—Ya acabaremos con ella. ¿No acabaron los civilizados yanquis con los pieles rojas? Nosotros sabremos imitarles.

EL DOCTOR.—Bueno, vamos a hacer la visita. ¿Y el otro ayudante?

EL AYUDANTE.—Le va usted a tener que dispensar. Creo que no vendrá.

EL DOCTOR.—Pues ¿qué le pasa?

EL AYUDANTE.—Que ayer le vi en este café-concierto que han puesto hace poco, con una negra, y parecía un tanto intoxicado.

EL DOCTOR.—Cosas de muchacho. ¿Y qué es lo que hay en ese café-concierto?

EL AYUDANTE.—Hay grandes atracciones. Ayer, precisamente, era el debut de la princesa Mahu, que bailaba desnuda la danza del vientre, a estilo del Moulin Rouge, de París.

EL DOCTOR.—Un número sensacional.

EL AYUDANTE.—¡Ya lo creo! Y ejecutado por una princesa.

EL DOCTOR.—¿Auténtica?

El ayudante.—En absoluto.

El doctor.—Veo que están adelantados en Butata.

El ayudante.—No se lo puede usted figurar. Aquí ya hay de todo. Esto es Sodoma, Gomorra, Babilonia, Lesbos, todo en una pieza.

El doctor.—¿Qué me cuenta usted?

El ayudante.—Lo que usted oye. Usted no sale de noche, Si saliera, lo vería. En cada esquina hay sirenas de color que le hacen a usted proposiciones extraordinarias. Por todas partes ve usted negros borrachos.

El doctor.—¿De veras?

El ayudante.—Sí. Hacemos un concurso de ajenjo extraordinario.

El doctor.—No lo sabía.

El ayudante.—Sí, señor. Luego los blancos tratan a puntapiés a los negros, y éstos se vengan, cuando pueden, asesinándonos.

El doctor.—Muy bien.

El ayudante.—Son los beneficios de la civilización.

El doctor.—Bueno; vamos a hacer la visita.

XII

UNA NOTICIA

De *L'Echo* de Bu-Tata:

"Tras de la misa, el abate Viret pronunció una elocuentísima arenga. En ella enalteció al ejército, que es la escuela de todas las virtudes, el amparador de todos los derechos. Y terminó diciendo: Demos gracias a Dios, hermanos míos, porque la civilización verdadera, la civilización de paz y de concordia de Cristo, ha entrado definitivamente en el reino de Uganga."

Madrid, enero 1906.